TOMANDO
LA SEGURIDAD
EN SERIO

TOMANDO LA SEGURIDAD EN SERIO

Agripino Pagán

Para realizar pedidos de este libro, contacte con:
Palibrio LLC
1663 Liberty Drive
Suite 200
Bloomington, IN 47403
Gratis desde EE. UU. al 877.407.5847
Gratis desde México al 01.800.288.2243
Gratis desde España al 900.866.949
Desde otro país al +1.812.671.9757
Fax: 01.812.355.1576
ventas@palibrio.com
618016

ÍNDICE

INTRODUCCIÓN

A través de casi 40 años de experiencia como funcionario del orden público. Me destaqué como Policía en el prestigioso cuerpo de la Policía en Puerto Rico, luego fui ascendido a Sargento donde también me destaqué como Director del C.I.C. (Cuerpo Investigación Criminal) en un plan piloto para esa agencia, luego de haberme graduado como Investigador Criminal en la Academia de la Policía de Puerto Rico. Años más tarde pasé a trabajar para la empresa privada en el sector turístico, para una prestigiosa cadena de hoteles, como Director de Seguridad. Estando ya en la empresa tomé varios cursos y adiestramientos en varias agencias tanto privadas como de orden público como: Unidad de Explosivos y Seguridad Pública, con la División de Drogas y Narcóticos de Puerto Rico Departamento de Homeland Security y otros cursos entre ello CPR o RCP, Primera Ayuda, y otros.

Luego de haber estado por tantos años, protegiendo vidas y propiedades, me nació la inquietud de dejar plasmado en un escrito aquéllos conocimientos y experiencias adquiridas a través de todos estos años. Este manual de seguridad está confeccionado con el propósito de entrenar a los guardias de seguridad a convertirse en buenos oficiales de seguridad, entrenados en todo lo concerniente a la seguridad hotelera o cualquier otra empresa donde la seguridad es requerida.

Esto es una guía para que un guardia de seguridad tenga el conocimiento adecuado para instruirse como un Oficial de Seguridad siguiendo las recomendaciones, en base de mi experiencia, y que pueda cumplir a cabalidad todas sus funciones y desempeñarse como es debido y además de vigilar, también pueda manejar toda situación que se le presente mientras está en su puesto de trabajo.

PROPOSITO

El propósito de manual de entrenamiento para Guardias de Seguridad, tiene como meta principal preparar y enseñarles a estos servidores, cuales son sus deberes y responsabilidades. Con este entrenamiento, el Guardia de Seguridad se prepara para su próximo paso como Oficial de Seguridad. El Oficial de Seguridad, es aquel que se ha entrenado completamente en todas sus facetas en este campo de la seguridad. Un Oficial de Seguridad debe conocer cuando está ante una emergencia real. Debe saber que hacer ante esa emergencia y cuando aplicar sus conocimientos para salvar vidas y/o proteger la propiedad. Debe tener los conocimientos, para poder llevar a cabo una buena investigación relacionado con su área de trabajo. Con este entrenamiento, el Oficial de Seguridad se sentirá más confiado y les podrá hacer la vida más fácil a otros, en especial a aquellas empresas para la cual trabajan

Este manual de entrenamiento también ayuda, para que los encargados de la seguridad o sus gerentes de las empresas, tengan una idea más clara al momento de confeccionar un " Plan de Contingencia " para su empresa. El " Plan de Contingencia", te ayuda a estar preparado para en caso de una emergencia real.

DEDICATORIA

A mis amigos y ex compañeros de trabajo de la industria hotelera en el campo de la seguridad, a la Policía de Puerto Rico, donde dí mis primeros pasos en el campo de la seguridad, protegiendo vidas y propiedades, a mi amada esposa Gloria Rodríguez, a mis hijos, Héctor, Bianca, Mildred, Liz Marie y a mi hermana espiritual, Sandra Rodríguez, les dedico este Manual de Entrenamiento por ser ellos, los que me motivaron a plasmar estos conocimientos por escrito. Hoy con mucho orgullo les digo "Gracias, Gracias", pero en especial a mi Señor Jesucristo, por haberme dado las fuerzas para llegar hasta aquí.

I.

¿QUE ES SEGURIDAD?

Para que una persona pueda enfocarse en el correcto desempeño de sus funciones tiene que comprender qué significa la palabra seguridad en el idioma de un oficial llamado a proteger. Lo primero que tiene que saber es que seguridad es prevención y no aprehensión.

Seguridad quiere decir protección, esto se refiere a protección de la propiedad, equipo, empleados, huéspedes o visitantes que están en interacción constante con el personal a cargo de brindarles el apoyo para lo cual ha sido contratado. Hay dos reglas que los Oficiales de Seguridad deben entender.

1- Su labor difiere de la labor del policía estatal o municipal.

2- Los Oficiales de Seguridad no son policías.

Al oficial de seguridad *no* se le concede más autoridad para arrestar, que la que se le concede a un ciudadano particular. Con esto no estoy criticando a los guardias nuevos de seguridad, que quizás no entienden claramente su nuevo empleo. A veces guardias con más tiempo en esa posición, aunque han estado siguiendo las órdenes, no tienen una idea clara de lo que es seguridad. Con esto me refiero a que, los guardias de seguridad no tienen un entrenamiento como lo tiene un Oficial de Seguridad. A un guardia de seguridad, se le dan unas instrucciones por ejemplo: velar a que nadie entre por una puerta y definitivamente él no va permitir que nadie entre por ella. Pero, ¿que tal si en su puesto de trabajo ocurre un accidente o incidente, estaría el preparado para actuar debidamente o hacer una investigación profunda de lo ocurrido?

II.

PROFESIONALES DE LA SEGURIDAD

Se puede definir que un Oficial de Seguridad es aquel que ha recibido un entrenamiento completo que va desde la vigilancia, investigaciones hasta brindar primera ayuda médica de ser necesario, etc. Mientras que un guardia de seguridad solo vigila un área en particular como una puerta o portón, para impedir nadie entre por ese lugar o que solo algunas personas autorizadas puedan entrar o salir. El guardia de seguridad protege y el Oficial de Seguridad pone en práctica protocolos o procedimientos hasta que llegue, en el caso que aplique, la policía, emergencias médicas, bomberos, etc., controlando la escena o personas implicadas según sea el caso. A un gerente de un hotel o de cualquier empresa prefiere que el Oficial de Seguridad prevenga un hurto o apropiación ilegal, un fuego o cualquier incidente, que tratar de atrapar a un ladrón. Es preferible ver al Oficial de Seguridad tomar una tablilla y descripción del vehículo, para que así autoridades puedan arrestar la persona más tarde, que perseguirlo.

Cuando me desempeñé dentro del honroso cuerpo de la Policía de Puerto Rico, siempre entendí que los deberes y funciones de la seguridad no deben recaer solamente en el gobierno o en la policía, esto es un deber de todos como ciudadanos. Hay que promover dentro de la ciudadanía, que si un ciudadano observa que se está cometiendo o sabe que se cometió un delito en su presencia, debe cooperar con las autoridades. Los ciudadanos no deben ignorar y mirar hacia otro lado como si estuvieran ausentes, pues en algún momento también ellos o algún familiar, pueden ser victimas del crimen y no les agradaría que actuaran de igual manera en su caso. En el caso en que el ciudadano es victima de un delito, debe tratar de recordar algún dato, como descripción del o de los individuos, como rasgos físicos, su vestimenta, descripción del auto o tablilla y coopere con la investigación policiaca.

La seguridad es responsabilidad de todos: guardias, oficiales de seguridad y ciudadanos.

III.

DEBERES DEL OFICIAL DE SEGURIDAD

Como un empleado, su patrono quiere que usted responda favorablemente a las funciones para las cuales se le ha empleado. Entre sus labores importantes, se encuentran las siguientes:

- Velar – Ejercer la vigilancia manteniendo la vista en las cosas como un celador, pero más sistemáticamente que antes.

- Patrullar su área -- Estar alerta por cualquier situación que necesite atención especial.

- Conocer – Todo lo relacionado con la ubicación del sistema de alarmas, sistema de riego, paneles eléctricos, etc.

- Comunicación – Tener disponible los números telefónicos de los bomberos por si ocurre un caso de incendio, policía por actos de vandalismo u otros delitos, etc. y emergencias médicas (9 1 1) , o según sea el caso.

- Responsabilidad -- Llegar a tiempo a su puesto de trabajo y no dejar el mismo hasta tanto sea relevado como es debido. Una vez relevado, informa al oficial sustituto los acontecimientos, si alguno. Verificar que en el Libro de Incidencias, se haya anotado toda situación ocurrida durante su turno de trabajo. Los gerentes o supervisores deben proveer a los puestos de seguridad un Libro de Incidencias, también conocido como " Log Book",. En este libro se recoge toda incidencia ocurrida durante su horario de trabajo.

Dentro de estas labores que son importantes es necesario que un Oficial de Seguridad tenga la preparación y conocimientos en:

a) Primeros auxilios en casos de emergencias, hasta tanto llegue asistencia médica.

b) Manejar una emergencia en caso de fuego.

c) Dirigir el tránsito mientras se resuelve el evento.

d) Hacer un arresto correctamente, en el caso que aplique.

e) Hacer una entrevista e interrogatorio efectivo a un testigo sobre cualquier incidente después de haber avisado a las autoridades pertinentes para obtener información precisa de los acontecimientos y a la vez informar cuando se le requiera.

f) Conocimiento en la redacción de reporte sobre cualquier incidente ocurrido en su turno de trabajo.

Esto se resume, en que un Oficial de Seguridad tiene que saber llamar (policía, bomberos, emergencias médicas, etc.), aplicar primera ayuda, dirigir tránsito y saber ejecutar un arresto ciudadano.

IV.

RELACIONES PUBLICAS

Relaciones públicas es la manera en que un Oficial de Seguridad se comunica con el público. El público abarca todo el personal incluyendo empleados, huéspedes, proveedores, visitantes, prensa, ect.) y el público en general. Esto incluye la cooperación que el Oficial de Seguridad pueda obtener del público para evitar la comisión de delitos en su área de trabajo.

Este proceso de comunicación es el enlace del Oficial de Seguridad y la compañía, agente o negocio que representa. La manera en que se percibe esta primera impresión es la base para una comunicación efectiva. Por ser un oficial que representa al patrono, al gerente y toda su política administrativa debe mostrarse como todo un profesional, teniendo una sonrisa, saludando al visitante y demostrando un deseo sincero de ayudar e informar; dejando así una impresión favorable de la compañía o empresa, a la cual este representa y sobre todo de él mismo. Si el oficial quiere que el público lo vea como un digno representante de la empresa, entonces debe impresionar al público siguiendo todos los ejemplos que ya hemos mencionado.

A. El Oficial de Seguridad y las Relaciones Públicas

Dentro de las relaciones públicas hay 'malas relaciones públicas' que son aquellas cosas negativas que entorpecen las buenas relaciones y por consiguiente, una mala o incorrecta manera de comunicarnos dando un mal ejemplo, tanto para la compañía o empresa que representamos como de nosotros mismos. Algunas maneras que hacen una comunicación negativa son:

- Golpear una persona ilegalmente

- Usar lenguaje obsceno u ofensivo hacia la persona

- Actos de inmoralidad

- Cometer algún delito

- Dirigirse de forma incorrecta hacia otra persona

- Amenazar o intimidar a personas de manera provocativa.

Usted nunca debe de abusar de su autoridad. Si usted es un Oficial de Seguridad armado, debe mantener sus manos alejadas de su arma de fuego. Si mantiene su mano cerca del arma de fuego, la persona puede sentirse amenazada. La única manera en que es permitido, sería que su vida o la de otros esta en inminente peligro de muerte o de grave daño corporal.

El Oficial de Seguridad debe ser:

- Cortés con el público

- Atento, mostrando deseo de servir

- Respetuoso al dirigirse al público

- Escuchar sin interrumpir

- Tener tacto y paciencia hacia los demás

- Tener empatía hacia otras personas.

El que un Oficial de Seguridad muestre respeto y empatía hacia los demás no es señal de debilidad. El oficial debe mostrarse seguro y firme al comunicarse, para poner en efecto las normas y procedimientos, ya establecidas por la empresa y debe hacer que se cumplan cabalmente, no como un enemigo, sino como uno que cumple órdenes.

Por ejemplo:

Si una de las directrices de la compañía o impresa es que se cotejen todo paquete, bulto o cartera de todo el personal, debe hacerlo con mucho respeto y honestidad, actuando igual con todos.

El que cumpla con unas directrices de la empresa, no es motivo de mostrarse frío o comportarse a manera de un 'robot' con el público. Mostrándose cortés y amable hace que la comunicación sea efectiva sin tensión ni resistencia, del que recibe la directriz. Sin embargo, el Oficial de Seguridad, no debe bajo ninguna circunstancia pedir perdón, o dar excusas si está cumpliendo con las directrices de su trabajo, o con las reglas de la empresa. Hay razones para esto:

- El dar excusas o pedir perdón da la impresión de que a usted, no le agrada su trabajo y se está excusando para no entrar en una discusión. De esta manera se esta mostrando débil.

  Ejemplo: *Lo que pasa es que mi jefe, quiere que se haga de esta manera y si no lo hago, me despide o me suspende.* "NUNCA DIGA ESO ". Usted lo hace por que ese es su trabajo y es su deber, hacer cumplir las normas y reglamentos de la empresa. Para eso le pagan un sueldo.

- Según usted no debe dar excusas, tampoco usted debe discutir. Si la persona está determinado a no cumplir con las reglas de la empresa, pida ayuda llamando a su supervisor, Departamento de Recursos Humanos o al gerente de la empresa, según sea el caso. De esta manera evita que la situación se agrave.

El comportamiento del Oficial de Seguridad debe ser de ejemplo para todos en la compañía que va, desde mostrarse amable hasta no tirar basura. No debe registrar escritorios, equipo o usar teléfonos fuera de su área de trabajo, sin haber sido autorizado. Su interés por todos, en especial los turnos de noche, deben ser amables y mostrando interés escoltándolos, si es posible, hasta sus vehículos. Su manera de contestar el teléfono es uno amable y con mucho tacto, comportándose como si la persona estuviera presente.

B. Relaciones Públicas con la Prensa

Un Oficial de Seguridad no es la persona autorizada para contestar preguntas sobre la empresa para la cual trabaja. En aquellos casos donde la prensa llega a su puesto de trabajo, solicitando información de alguna situación sobre la empresa que usted representa o de algún visitante o huésped, comuníquese de inmediato con el gerente, pero bajo ninguna circunstancia ofrezca información si no ha sido previamente autorizado.

En casos de hoteles a veces llegan preguntado información de algún huésped, usted no tiene autoridad para dar esa información, es preferible comunicarlo con el/la persona encargada del Front Desk o al gerente del hotel. Las empresas o compañías, en la mayoría de los casos, tienen personal autorizado que los representa. Su deber como oficial de seguridad es referirlos a la gerencia. Como a todo visitante, su comunicación debe ser de manera amable.

C. Las Relaciones Públicas y la Impresión Física del Oficial de Seguridad

La apariencia física es la manera cómo lo ven y lo perciben los demás. Es uno de los componentes importantes para una buena comunicación no-verbal. Es importante que el Oficial de Seguridad tenga una buena apariencia física. Por ser una comunicación no verbal, indirectamente dice cómo es la persona y hace que se forje una impresión hacia los demás.

- El aseo personal es bien importante -- Debe lucir limpio, bien afeitado y en el caso tener bigote debe estar bien arreglado. Si le es permitido usar barba, debe estar bien arreglada.

- El oficial cuando no está usando gorra, debe estar bien peinado.

- También debe usar desodorante, el no hacerlo deja una mala impresión en la persona con quien el Oficial de Seguridad tiene contacto frente a frente.

- Debe cuidar su aliento, ya que puede ofender aquel con quien conversa.

- Presentarse bien uniformado – El uniforme limpio, y planchado. Los zapatos lustrados y limpios.

- Si el oficial de seguridad usa gorra, debe usarla correctamente (no debe estar virada).

- Si utiliza " name tag ", puesto en el lugar correcto; ½" sobre el bolsillo izquierdo de la camisa.

- Todo el equipo de trabajo debe mantenerlo limpio y debidamente brillado.

- Debe guardar su condición física -- Un oficial de seguridad muy delgado o muy obeso, no solo puede reducir su efectividad, sino que también causa un impacto sicológico en las personas, sean visitantes, huéspedes, empleados etc. Esto no significa que tiene que verse como un levantador de pesas, pero debe estar en buenas condiciones según la fisionomía de su cuerpo. En palabras simples, su peso debe ser en proporción con su estatura. Ejemplo: Imagine un oficial de seguridad, con estatura de 5 pies y 250 libras de peso y que tenga que correr para responder a una situación de emergencia. No puede cumplir con los requerimientos de su oficio.

V.

LOS PODERES LEGALES Y SUS LIMITACIONES

Como ya he mencionado anteriormente, el Oficial de Seguridad no es un policía, pero a veces son llamados a ejecutar funciones como un policía. El Oficial de Seguridad debe ser juicioso y actuar con mucho cuidado al momento de ejecutar sus funciones. Por ejemplo, el oficial puede estar involucrado en la detención de un individuo, por eso debe entender que una detención es diferente a un arresto. En la detención se restringe la libertad de movimiento al individuo, sin necesidad de entregarla a las autoridades. En el arresto hay restricción de libertad por un delito cometido. Veamos la diferencia

¿Ques es una Detencion?

Una detención es diferente a un arresto. En la detención se restringirle la libertad de movimiento a la persona, pero quizás no entregue la persona a las autoridades y le permita marcharse. Los Oficial de Seguridad deben dejar la decisión de una detención al gerente de la empresa o al gerente del departamento de seguridad. Pero si no es posible comunicarse con ninguno de estos, en esos momentos usted debe proceder de la siguiente manera;

Pedirle a la persona que le acompañe a la oficina de seguridad y así hablar en privado. Si la persona accede a su petición, esto no se considera un arresto. Sin embargo, si el Oficial de Seguridad le dice a la persona *"Usted hurtó esos artículos, acompáñeme a la Oficina de Seguridad, voy a llamar a la policía o autoridades y entregarlo a ellos.* En este caso usted ha hecho un arresto.

¿Que es un Arresto?

_El arresto se define como, el restringirle la libertad de movimientos a una persona porque ha cometido un delito en su presencia y así poder entregarlo a las autoridades del orden público, para ser llevado ante un magistrado para enfrentar cargos criminales. Para completar un arresto tiene que haber los siguientes elementos:

- Hizo un intento para arrestarlo/a.

- Comunicarle a la persona su intención de arrestarlo/a

- Agarrarlo por el hombro, correa, cuello, esposarlo o apuntarle con el arma de fuego, etc.

Los Oficial de Seguridad no están obligados a arrestar. Su función como Oficial de Seguridad es reportar, escribir y testificar. Su deber es prevención. El Oficial de Seguridad tiene que reportar lo que esta ocurriendo, tiene que escribir un reporte para el patrono de que ocurrió y tiene que testificar de ser necesario, en un tribunal lo que observó. Pero sí, puede hacer un arresto ciudadano. Pero hay situaciones en que tiene que proceder a ejecutar un arresto ciudadano, pero en este caso el Oficial de Seguridad debe tener buen juicio y tomar en consideración lo siguiente;

- Que no tiene miedo al momento de hacer el arresto.

- ¿Que relación tiene la persona a ser arrestada con la propiedad del patrono? ¿Los hechos ocurrieron dentro de los predios de la empresa o es fuera de la propiedad del patrono?

- ¿Este incidente ocurrió en su presencia?

- ¿Cual es el tamaño de la persona a ser arrestada? ¿es un karateca?

- ¿Si no se hace el arresto la persona puede escapar o hacerle daños a otras personas? Por esto digo una vez más "el oficial debe tener buen juicio a la hora de actuar", no se puede actuar de manera atolondrada.

Si el Oficial de Seguridad toca por el hombro a la persona y le dice ¿me puedes acompañar a la oficina de seguridad? Quisiera hablar con usted en privado y la persona accede a su petición de manera voluntaria, esto no se constituye un arresto. Sin embargo, si el oficial de seguridad le dice a la persona "Usted hurtó esos artículos, acompáñeme a la oficina de seguridad, voy a llamar a la policía o autoridades y entregarlo a ellos, en este caso usted ha hecho un arresto.

A. El Oficial de Seguridad Atendiendo un Arresto

Se arresta a una persona cuando usted ha visto o presenciado que ha cometido un delito grave. Si usted no está seguro de que la persona cometió el delito no lo arreste, pues puede enfrentarse a demandas por una detención o arresto ilegal. En algunos casos el departamento de seguridad de la empresa, puede dejar ir a la persona por entender que esta no cometió el delito. A eso se le llama 'duda razonable'. Si usted no está seguro, es preferible dar la información a las autoridades, sea policía estatal o municipal, etc. y que sean éstos los que tomen la determinación correspondiente. Simplemente tome datos y coopere con la investigación de las autoridades. Ofrezca toda la información necesaria como, descripción de la persona, descripción y tablilla del vehiculo, descripción del arma, hora en que ocurren los hechos, hacia donde se dirigió el sospechoso, etc.

Si usted presenció el delito, usted tendrá que acudir a un magistrado para declarar sobre la persona involucrada. De tener que hacer un arresto, debe tener los siguientes elementos para completar el mismo:

- Dirigirse a la persona señalándole el delito cometido, pero con seguridad.

- Después de haber comunicado a la persona su intención para el de arresto, advertirle que va a llamar a las autoridades policíacas para entregarlo para que ellos se encarguen de llevarlo ante un magistrado.

- Que al agarrarlo por el hombro, la correa, el cuello, ponerle las esposas, apuntarle con el arma de fuego, se constituye en un arresto.

1. Cuándo Hacer un Arresto

Un arresto mal manejado y frente a testigos puede incurrir en una demanda civil por daños y perjuicios. Cuando se ejecuta un arresto, debemos estar seguros, que esa fue la persona que cometió el delito. Mi lema siempre ha sido, que es mejor 100 culpables libres que una persona inocente cumpliendo por una condena que no cometió. Un Oficial de Seguridad o un ciudadano particular, puede hacer un arresto, pero solo en las siguientes circunstancias:

- La persona a ser arrestada se apropió ilegalmente de artículos en su presencia o ha sido sorprendido en actos de vandalismo.

- La persona a ser arresta cometió un delito grave como homicidio o asesinato, intento de secuestro, asalto con un arma y el oficial vio cuando se cometió el delito grave .

- Que vio el intento de cometer el delito, pero no hubo éxito en el mismo. Ante esta amenaza, el Oficial de Seguridad puede arrestar a la persona en ese momento y luego de ser perseguido por el oficial. Ahora bien, si el Oficial de Seguridad, interrumpió la persecución de la persona y luego 10 o 12 horas mas tarde ve al sospechoso fuera de los predios de la empresa, el Oficial de Seguridad ya no tiene autoridad legal para arrestarlo.

- Que una persona, en presencia del Oficial de Seguridad, cometa el delito de alterar la paz (porque está borracho) y está entorpeciendo las operaciones normales de la empresa para la cual trabaja.

2. ¿Debe un Oficial de Seguridad hacer las Advertencias de Ley en un Arresto?

En las películas vemos a los policías arrestar a una persona que ha cometido un delito hacerles las advertencias de ley. Advertencias que van desde: 'El derecho de declarar libre y voluntariamente, todo lo que diga puede ser usado en su contra como que tiene derecho a estar acompañado de un abogado y que de no poder, el estado se lo proveerá'. Esto se conoce como (Caso Miranda vs. Arizona). *Los Oficiales de Seguridad no tienen que hacer advertencias de ley en casos de confesión o declaración de un sospechoso.* Esto no aplica si el arresto es legal y es admisible en un tribunal de justicia, aunque no se hayan hecho las advertencias de ley. De la única manera que entonces se vería obligado a leerle las advertencias serian, que el oficial era un instrumento de la policía.

El caso Miranda vs. Arizona, ocurrió cuando una persona de nombre Ernesto Miranda, con un abultado expediente delictivo en el año 1966, raptó y violó a una mujer en el estado de Arizona. Al ser arrestado la Corte Suprema de Estados Unidos, determinó que la Policía le violó sus derechos constitucionales, cuando no le advirtió su derecho a no auto-incriminarse. Que tenía derecho a consultar con un abogado, que de no poder costear el mismo, el estado le proveería uno, pagado por el estado y que todo lo que dijera se podía usar en su contra. Pero esto no aplica en los casos en donde un Oficial de Seguridad arresta a un sospechoso de cometer un delito en su presencia, excepto que no se convierta en instrumento de la policía.

C. ¿Qué se Entiende por Duda Razonable?

Si se cometió un delito grave y el Oficial de Seguridad tiene, más allá de toda duda razonable, y la seguridad de creer o pensar que la persona sí cometió el delito, debe llamar a las autoridades, para que ellos manejen el caso de acuerdo a la ley.

Ejemplo: *Mientras el Oficial de Seguridad se encuentra patrullando en su puesto de trabajo, recibe del Centro de Comunicaciones por radio, un mensaje urgente que una persona que se dirige hacia donde está su área de trabajo, ha sido vista cometiendo un delito y la descripción que le dan de la persona es que mide 6 pies de estatura, blanco, pelo rubio, de bigote, viste camisa verde, pantalón mahón y tenis. El oficial ve a alguien con esa descripción saliendo a prisa, en ese momento el oficial puede tener la duda razonable para creer que esa persona fue la que cometió el delito.*

Se requieren los mismos requisitos en la detención o un arresto. El Oficial de Seguridad no debe tener duda de que la persona sí cometió el delito. Si luego se determina que la teoría del Oficial de Seguridad era incorrecta, en ese momento existía la duda razonable, por la descripción que se ajustaba a la persona detenida. En este caso tanto el Oficial de Seguridad y la empresa estarían libres de cualquier demanda.

D. Privacidad

La persona sospechosa o detenido, debe ser sacada o escoltada fuera de la vista de otras personas, y así evitar demandas por humillación.

E. En los predios

La persona o sospechoso debe ser sacado del área donde fue arrestado o detenido, pero manteniéndolo dentro de los predios de la empresa.

F. Condiciones Irrazonables

Esto significa que la persona o sospechoso no debe ser detenido en condiciones irrazonables o inhumanas.

<u>Ejemplo:</u>

> ➢ Ponerle una llave de fuerza en el brazo, etc.

> ➢ Exhibiéndolo frente al público,

> ➢ Amarrado a una silla

G. Tiempo razonable

El tiempo razonable se refiere a que el detenido o arrestado no debe detenerse más tiempo de lo necesario. Se debe tomar una decisión rápido;

en algunos países o estados 30 minutos se considera irrazonable para mantenerlo detenido.

H. Uso de la fuerza

Esta es una pregunta delicada en el campo de la seguridad. Cuándo puedes hacer el uso de la fuerza y cuánta fuerza usar. Debes usar la fuerza razonable y necesaria para hacer un arresto legal y para defender o recuperar propiedad de la empresa.

Ejemplo 1:

Usted está en su puesto de trabajo en una de las tiendas a la que usted le presta servicio. Una empleada observa y le hace señas que una señora de 70 años de edad se está robando artículos de la tienda y echándolos dentro de su cartera.

Usted se le acerca y le indica que está arrestada por el delito de apropiación ilegal, pero la señora forcejea con usted, para evitar que le registre y le quite la cartera. En el forcejeo, ella resulta con la mano derecha fracturada. ¿Podemos considerar esta acción del Oficial de Seguridad como fuerza razonable? Un tribunal diría que si.

Ejemplo 2.

Una de las empleadas de esa misma tienda, observa que un hombre de seis pies de estatura y corpulento, está cometiendo un hurto o apropiación ilegal. La empleada se le acerca y le dice que va a llamar a seguridad, la persona la empuja y ésta cae al piso. Al Oficial de Seguridad se le notifica por radio el suceso, llega al área y observa lo que está ocurriendo, pero el sospechoso sale corriendo. El oficial lo agarra y forcejean y el sospechoso cae al piso y resulta con una pierna fracturada. ¿Podemos considerar que hubo fuerza razonable? En este caso no se considera fuerza excesiva.

Aquí la clave para esto se conoce como "fuerza razonable y necesario ". Tenemos que usar el sentido común para estas situaciones. El Oficial de Seguridad debe considerar al momento y decidir si usar fuerza y cuánta debe usar. Debe considerar lo siguiente:

- El sospecho, ¿se está resistiendo al arresto? o simplemente lo acompañó a la oficina de seguridad o a la oficina del gerente.

- El sospechoso ¿tiene un arma y representa un peligro para la vida del oficial de seguridad o de otras personas?

- La persona detenida, ¿es una persona mayor de edad que no le ofreció resistencia, es una mujer embarazada, es una anciana/o?

- La persona arrestada, ¿se encuentra en actitud violenta?

I. Uso de la Fuerza Mortal

Hablar de fuerza mortal y grave daño corporal requiere un cuidado especial. El derecho para usar la fuerza mortal va ligada al derecho a la defensa personal o la de otra persona. En otras palabras, un arma que le pueda causar la muerte a la persona o que le pueda ocasionar un grave daño corporal, puede ser usada siempre y cuando, que la vida del Oficial de Seguridad de otras personas esté en inminente peligro de muerte o de grave daño corporal.

La fuerza mortal no puede usarse para defender la propiedad de la empresa. Algunas autoridades dicen que cuando se está realizando un arresto, la fuerza mortal se puede justificar siempre y cuando existan los siguientes elementos;

- El arresto es por delito grave

- El arresto lo esta ejecutando un policía

- La persona cree que utilizando la fuerza mortal, evitaría que el sospechoso ponga en riesgo la vida de personas inocentes

- Que el Oficial de Seguridad cree que al intentar arrestarlo, el sospechoso le ocasionaría la muerte o grave daño corporal.

El Oficial de Seguridad debe hacer todo lo posible, para evitar el uso de la fuerza mortal y de ser necesario, retirarse. Si el sospechoso insiste con un arma en ocasionarle la muerte al Oficial de Seguridad o a cualquier persona inocente y no le es posible retirarse, el oficial entonces debe hacerle saber su intención de usar su arma de fuego para defender su vida y/o la de otros.

Recuerde que usted usa la fuerza mortal, únicamente si usted ha agotado todos los recursos para evitar la muerte o grave daño corporal, o que no tuvo la oportunidad para convencer al sospecho para que desistiera de su intención.

J. Confiscación y Registro

La cuarta enmienda de la Constitución de los Estados Unidos de América, protege las personas contra confiscaciones y registros irrazonables. En otras palabras, si el Oficial de Seguridad registra a una persona y le confisca algún artículo sobre su persona y luego el magistrado en el tribunal determina que el registro fue conducido de manera ilegal e irrazonable, puede ocurrir lo siguiente:

- Que la evidencia ocupada durante el registro, no proceda y es eliminada del juicio criminal

- Tanto la empresa que representa como el Oficial de Seguridad, pueden ser demandados civilmente.

Esto significa que el Oficial de Seguridad, al hacer un registro, tiene que asegurarse que el registro y/o confiscación que está realizando es legal y razonable. En ocasiones los tribunales se contradicen, unos con otros en cuanto a si el registro fue legal. Es por eso que el Oficial de Seguridad, no debe registrar a un empleado o persona simplemente porque la persona no es de su agrado. Si se comprueba de que ese registro fue ilegal, el Oficial de Seguridad tendría que enfrentar problemas legales en su contra. Es por esto que, el Oficial de Seguridad tiene que estar seguro de lo que esta haciendo.

Ejemplo:

Un empleado le da una confidencia, de que otro empleado lleva encima un arma de fuego y usted al observarlo notó que la persona tiene en el bolsillo de su pantalón un bulto que le pareció ser una arma de fuego, entonces si, el oficial tendría una buena razón para el registro.

K. Consentimiento Para el Registro

Antes de hacer un registro el Oficial de Seguridad debe solicitarle consentimiento a la persona para registrarlo. Si la persona consiente el registro, el Oficial de Seguridad al igual que la empresa estaría libre de demandas o reclamaciones, porque no hubo intimidación, no hubo fuerza y la persona consintió libre y voluntariamente.

En algunas empresas se le registra al empleado su persona y propiedad, de ser necesario. Esto es parte del requisito para ser empleado. Para que este requisito sea legal, es necesario que el empleado esté de acuerdo con las exigencias de la empresa y deberá firmarlo libre y voluntariamente.

1. Pregunte en Privado

Cuando el oficial solicite el consentimiento a un empleado de su intención de registrar su persona y/o su propiedad debe hacerlo en privado y fuera de la vista y oídos de otras personas. La excepción es si el Oficial de Seguridad está siendo acompañado de otra persona durante la intervención de lo contrario, si no pide el consentimiento y lo hace delante de otras personas se puede interpretar como una acusación.

2. Registro Razonable

El Oficial de Seguridad debe pedirle al empleado a que abra su auto y que le permita registrarlo. El oficial no debe romper o forzarle la puerta para registrar el vehículo, o romperle el cristal para poder entrar. Esto no es un registro razonable.

3. Registro de Escritorios y Armarios

¿Puede el Oficial de Seguridad registrar un armario (locker) o escritorio, sin el consentimiento del empleado? Si la empresa para la cual trabaja, le provee al empleado el candado y retiene la combinación o copia de la llave del mismo, la ley establece que sí puede registrar sin el consentimiento del empleado. Se ha dado muchos casos donde la empresa le provee un candado al empleado y éste hace caso omiso y pone su propio candado, en este caso la empresa también tiene la discreción para abrir el candado sin su consentimiento. Esto es totalmente legal no obstante, la empresa al momento de otorgarle el candado debe dejarle saber la razón y la intención del candado. Si por lo contrario, la empresa nunca le advirtió al empleado, ni tampoco le proveyó un candado, al empleado le asiste el derecho a su privacidad.

Si el Oficial de Seguridad sospecha y tiene motivos fundados para creer que dentro del armario o escritorio hay propiedad ilegal y que lo incrimina con algún delito, entonces el Oficial de Seguridad debe llamar a las autoridades pertinentes y que sean ellos los que tomen la decisión de conseguir una orden del tribunal firmada por un juez, para proceder a registrar el escritorio o armario, según sea el caso. Sin embargo, si el escritorio o armario es utilizado por más de un empleado, entonces sí, se puede registrar.

L. Confiscación de Propiedad/Artículos

Hay ciertas cosas que el Oficial de Seguridad puede ocupar o confiscar y entregarlas a las autoridades policíacas sin temor a consecuencias legales. Estas son:

- Cualquier propiedad o artículo que haya estado en posesión de la persona sospechosa.

- Cualquier evidencia utilizada para cometer el delito (un arma de fuego, un arma blanca)

- Cualquier tipo de contrabando, como drogas narcóticas, dinero falsificado, etc.

1. Evidencia a Simple Vista

A simple vista significa, que usted no tuvo la necesidad de mover nada para ver el objeto o propiedad ilegal. La ley establece que cualquier evidencia ilegal, sea de la persona sospechosa o no, puede ser ocupada y entregada a las autoridades siempre y cuando que la evidencia esté a simple vista del oficial de seguridad.

Ejemplo:

El Oficial de Seguridad va pasando frente a un armario de un empleado. El armario tiene la puerta abierta y a simple vista se ve una envoltura con una sustancia que da la impresión de ser cocaína. El oficial por los conocimientos adquiridos por las autoridades locales y estatales, entiende que sí es cocaína. En este caso la ocupación es totalmente legal.

2. En los Predios Solamente

Esto quiere decir que el oficial puede registrar a la persona, en los predios de la empresa. Pero, si la persona ya salió del portón de entrada o salida, tampoco lo toque para registrarlo, mantenga sus manos fuera.

M. Interrogatorio

Cuando un Oficial de Seguridad detiene a una persona sospechosa de haber cometido un delito es preferible que la gerencia de la empresa o la gerencia del Departamento de Seguridad sean quienes conduzcan el interrogatorio antes de llamar las autoridades estatales o municipales. Ellos determinan si le permite marcharse. Si éstos no están disponibles, hágalo usted pero con mucho cuidado y siga las siguientes reglas:

1. No Miranda

Significa que, mientras el Oficial de Seguridad sea un ciudadano particular sin poderes conferidos por la policía, el Oficial de Seguridad no tiene que hacerle las advertencias de ley al sospechoso (Miranda vs. Arizona). Una declaración voluntaria de un sospechoso es considerada admisible en un tribunal, solo por que el Oficial de Seguridad no le leyó las advertencias de ley no la hace inadmisible. Eso no le compete al Oficial de Seguridad.

2. Voluntariedad

Significa, que para que la declaración de un sospechoso sea admisible en un tribunal, la misma tiene que ser libre y voluntariamente. Que no puede mediar la fuerza, amenaza o intimidación. El Oficial de Seguridad no debe forzar a una persona, que es inocente, a confesar un crimen o delito que el no cometió. Mi lema es que yo "prefiero que hayan 100 culpables en la calle y no, un inocente preso o encarcelado.

3. Privacidad del Sexo Opuesto

Cuando se va a interrogar a una persona, debe hacerlo en privado para que no haya alegación de violación de sus derechos. Durante el interrogatorio debe hacerlo acompañado de otra persona. Si la persona a ser interrogada es una dama y el Oficial de Seguridad es varón, debe solicitar la presencia de otra persona preferiblemente una dama para que no reclame hechos de algo indecoroso u ofensivo.

4. Confesiones

Por lo general, en los tribunales, se aceptan la confesión de un sospechoso por la versión oral del Oficial de Seguridad que puede ser de memoria o ser sostenidas por escrito. El Oficial de Seguridad prefiere tener el respaldo de la confesión escrita del sospechoso de una manera más segura.

5. Grabaciones

En muchas ocasiones las grabaciones son admisibles en corte, pero solo si la persona libre y voluntariamente lo acepta. Las confesiones por escrito y firmadas por el sospechoso son una buena idea. Si se puede hacer en computadora con preguntas y respuestas del sospechoso seria lo ideal y que el sospechoso la leyera y la firmara, confirmando que es su declaración sobre los hechos. Esto debe hacerse frente a un testigo, para que luego la persona no se retracte y diga que fue amenazado o intimidado.

VI.

ORDENES GENERALES

Ordenes generales, son aquellas reglas que el Oficial de Seguridad debe seguir en todo momento mientras está en servicio.

<u>Por ejemplo</u>:

El Oficial de Seguridad, en el puesto de Radio Control, tiene unas responsabilidades en específico muy diferentes a las de los otros Oficiales de Seguridad en su mismo turno de trabajo. Sus deberes y responsabilidades pueden variar totalmente del Oficial de Seguridad que esta en el portón de entrada.

A. Qué cosas debe hacer y saber el Oficial de Seguridad

1 - Se reporta a su área de servicio a tiempo.

2 - De no poder reportarse a tiempo, notifica a su superior el porqué; si llegará tarde o tendrá que ausentarse ese día y dar una buena razón que justifique la ausencia o tardanza.

3 - Sabe donde trabaja, conoce la dirección y el teléfono donde trabaja.

4 - Se presenta a trabajar debidamente uniformada y presentable.

5 - Tiene que ser cortés con los visitantes, huéspedes, empleados y todas las personas con quienes tiene contacto, tanto personalmente como por teléfono.

6 - Si el Oficial de Seguridad, entiende que las directrices que le ha impartido el supervisor parecen ser contradictorias y que no son claras, debe preguntar y así aclarar dudas hasta que la directriz esté clara a su entendimiento de manera que no haya errores. Nunca se vaya a su puesto de trabajo con dudas en su mente, porque esto le puede traer problema.

7 - El Oficial de Seguridad debe mantener su área de trabajo limpia y ordenada

8 - El Oficial de Seguridad debe comer sus alimentos en el lugar provisto para esto y no hacerlo delante de ningún visitante o persona.

9 - De ocurrir un incidente en su turno de trabajo, debe informar de inmediato a su supervisor o personal a cargo. También, debe recordar el escribir el reporte de incidentes claro, que pueda entenderlo otro persona.

10 - Al reportar incidente debe ser claro y conciso de manera que otra persona pueda interpretar el incidente como si hubiera estado presente. En la rama investigativa se da una serie de preguntas claves que ayudan en la redacción de reportes. Siempre recordando el hacerlo por escrito en el registro designado para este fin y nunca dejarlo a su memoria o en memoria de otro. Lo que se escribe no se olvida.

➢ QUÉ ----- ¿Qué ocurrió?

➢ CUÁNDO -- ¿Cuándo ocurrieron los hechos?

➢ DÓNDE --- ¿Dónde ocurrieron los hechos?

➢ CÓMO ---- ¿Cómo ocurrieron los hechos?

➢ POR QUÉ -- ¿Por qué ocurrieron los hechos?

B. Qué Cosas No Debe Hacer el Oficial de Seguridad

1- No debe abandonar su puesto de trabajo, sin la debida autorización.

2- No dejar su puesto sin haber sido relevado legalmente.

3- No debe permitir a que personas ajenas entren a la propiedad sin estar debidamente autorizados.

4- Estar soñoliento o dormirse en su puesto de trabajo.

5- Apropiarse ilegalmente de propiedad ajena.

C. Aplicar las Reglas con Firmeza

En muchas empresas se le da unas reglas/instrucciones específicas al Oficial de Seguridad, para que las aplique a los empleados. Reglas o instrucciones que debe aplicar a todos por igual como: No fumar en lugares prohibidos. No entrar a lugares prohibidos. Estacionar en área designada para empleados y no en el área de visitantes, etc.

Si el oficial observa que el empleado está por violar las reglas, debe dejárselo saber en el momento que lo ve, no esperar a que se haya cometido la falta y se marche a su área de trabajo para hacerle un reporte. Nunca debe hacer nada por prejuicios, o para evitar confrontación. Sea firme pero cortés. No use lenguaje abusivo con el empleado, ni tampoco trate de intimidarlo. Hay tres reglas que pueden ayudar a usar la firmeza.

1. Explicar las Reglas a los Empleados, si es que éstos la desconocen por medio del diálogo. Nos podemos encontrar con empleados son lentos en el cumplimiento de la reglas, pero con mucho tacto, repítaselo.

2. Sea firme en su responsabilidad. Hágale saber al empleado que es su deber hacer que se cumplan las reglas y normas de la empresa. Al aplicar estas reglas no debe;

• amenazar o usar la fuerza para hacerla cumplir.

- insultar la inteligencia del empleado

- no trate de avergonzarlo frente a otras personas, eso es humillante

- no debe dar excusas ante le cumplimiento de las reglas al ofensor.

3. <u>No debe ignorar el que se violen las reglas de la empresa</u>. El ignorar la violación de alguna regla, por no atreverse por miedo a la confrontación, o porque tiene amistad o es un jefe, no debe ocurrir en ningún momento.

Si el empleado insiste en la violación, y el Oficial de Seguridad agotó todos los recursos para que el empleado desista su intención de violar las reglas, entonces debe llamar al supervisor inmediatamente. Es importante la palabra "INMEDIATAMENTE ". Una vez que se comunicó con el supervisor, solo explique que ocurrió y permita que sea él quien atienda el asunto. El Oficial de Seguridad no debe intervenir más, ni hacer comentarios excepto que el supervisor lo ordene, así evita que la situación se agrave.

D. Tránsito y Estacionamiento

El estacionamiento de la empresa, las entradas y salidas son muy importantes para que haya un buen flujo de vehículos. Es responsabilidad de la empresa tener suficiente espacio para el estacionamiento para huéspedes, visitantes, empleados áreas de carga descarga. El estacionamiento debe estar limpio, alumbrado y seguro. Los empleados deben seguir y cumplir con las reglas de estacionamiento. La responsabilidad del Oficial de Seguridad se puede ver de tres maneras lógicas;

1. Detectar los Problemas

Los Oficial de Seguridad son los ojos y oídos de la empresa. Mientras hace su patrullaje, sea en vehículo o a pie, debe observar cuáles son los problemas y las condiciones del tránsito. Si detecta un problema, lo anota y se lo comunica al supervisor. El Oficial de Seguridad, puede darle sugerencias al supervisor para tomar medidas correctivas. Aquellos problemas que el Oficial de Seguridad debe estar atento son:

- Hay más vehículos en el estacionamiento que los espacios disponibles para ellos.

- Si observa a un empleado, visitante o huésped que dado varias vueltas en el estacionamiento, porque no encuentra espacio, debe tratar de ayudarlos a conseguir donde estacionar.

- Notificar al supervisor o/a gerencia si es que los empleados o huéspedes tienen que estacionar fuera del área de estacionamiento y debe tratar de corregir el problema.

- Si el estacionamiento está a obscura, notificar al supervisor o/a gerencia para que se tomen medidas correctivas.

- Notificar al supervisor o/a gerencia si los espacios en el estacionamiento no están bien marcados.

- Notificar al supervisor o/a gerencia de que no hay suficientes espacios para impedidos o VIP.

- Notificar al supervisor o/a gerencia la condición de los letreros si éstos no están legibles en el área de estacionamiento y avisando a cerrar bien sus vehículos, no tener propiedad o artículos a simple vista, donde pueden ser atractivos a rateros, etc,).

2. Corrigiendo los Problemas

El Oficial de Seguridad puede observar y corregir el problema cuando:

- Al tomar su turno de trabajo, da un recorrido por su área de trabajo para asegurarse que todo se encuentra su lugar y que no hay nada fuera de orden.

- Patrulla del área con más frecuencia a velocidad normal, para un estacionamiento. Esto puede ser entre 5 y 10 MPH, si es en vehículo de motor, con los cristales abajo para poder escuchar alguna situación que pueda estar ocurriendo en esos momentos.

- Ayuda al huésped, empleado o visitante si esta teniendo problemas para poner en marcha su vehiculo. Debe detenerse y prestarle ayudarlo.

- Cuando está haciendo su patrullaje por el estacionamiento a pie, debe mirar entre los autos, detrás y debajo si es posible. De esta manera puede evitar que se cometa un delito o intervenir en caso de que se esté cometiendo un delito en esos momentos.

- Si hay embotellamiento en el tránsito, debe saber manejarlo.

- La condición de los portones eléctricos en la entrada, antes de comenzar su turno. Hay muchas empresas que tienen brazos eléctricos en los portones de entrada, por lo tanto debe verificar que están funcionando correctamente al comenzar su turno de trabajo.

3. Dirección del Tránsito

Si el Oficial de Seguridad tiene que dirigir el transito, este debe hacerlo:

- Usando las señales de tránsito que se usan comúnmente. Debe asegurarse de no confundir el conductor con señales conflictivas, para evitar que ocurra un accidente.

- Si usa un pito es para dirigir el tránsito y no para llamar la atención de personas ajenas.

- Debe parase en el centro de la calle o en el centro de la intersección, donde pueda ser visto con facilidad.

- Si un conductor desobedece la señal, debe tomarle el número de tablilla.

- Mientras da tránsito no debe estar mascando chicles o dulces, fumando o con palillo de dientes en la boca. Esto es de mal gusto y le estorba en su función.

- No debe regañar a los conductores si desobedecen la señal.

- De ocurrir un accidente y de haber embotellamiento, no debe estar dando explicación a otros conductores de cómo ocurrió el accidente, para evitar que el embotellamiento se empeore.

- Debe en todo momento mostrar que es todo un profesional, con su actitud y su postura.

E. Escoltas

En ocasiones el Oficial de Seguridades llamado para hacer un escolta, sea de personas o de valores de un lugar a otro. Hay varios tipos de escoltas.

1. Escoltando, Huéspedes, Empleados o Visitantes

En algunas empresas se les ordena al Oficial de Seguridad, para que escolte un huésped, empleado hasta su vehiculo, cuando ocurre una alta incidencia criminal el área. Este debe mantener sus ojos y oídos en alerta por si alguna persona sospechosa se acerca. Debe asegurase que la persona escoltada, abordó su vehículo y está en camino antes de marcharse del área.

2. Escolta de Valores o Material Confidencial

Si es asignado a llevar o escoltar valores o materiales confidenciales, éste debe mantener las personas alejadas. Nadie que no esté autorizada se le permitirá acercarse o manejar los valores.

Si el Oficial de Seguridad es armado, debe mantener su arma de fuego seguro pero a la misma vez, en un lugar, donde le sea de fácil manejo en caso de que sea necesario utilizarla. Nunca amenace a nadie de manera descuidada.

Si alguien desobedece sus órdenes de mantenerse alejados, debe juzgar sin dilación y ser tan sensible como pueda. ¿Que intención usted observa en el individuo?, ¿piensa que lo va a atacar? En estos casos hay unas reglas establecidas.

3. Escolta de V.I.P.

Si es llamado para realizar una escolta de una persona VIP, una celebridad de la farándula, alguien del gobierno, a través de un público reunido debe realizar lo siguiente:

- Si tiene que escoltarlo a través de un público, otros Oficiales de Seguridad deben abrir paso, para evitar que le hagan daño a la persona.

- El oficial debe siempre estar alerta por cualquier movimiento sospechoso, porque el peligro puede venir del frente, de los lados, de atrás y hasta de arriba. Por eso tiene que tener los ojos bien abiertos y oídos y prestos a actuar de inmediato para evitar algún daño al VIP.

- Si alguien del público muestra algún grado de interés en la persona VIP, y que no es lo común en estos casos, debe observar si la persona del público está haciendo un esfuerzo mas allá de lo normal para llegar hasta la persona VIP. Esto puede ser indicio de que puede existir algún peligro, por eso debe estar bien pendiente y tomar medidas de seguridad de inmediato.

- El oficial debe observar los movimientos de las manos y si la persona actúa de manera agresiva. Si el individuo hace intento de atacar al VIP, el oficial debe sujetarle las manos y atacarlo en alguna forma. El oficial debe olvidarse de las películas de televisión donde te dicen que debe mirarlo a los ojos, aquí las manos son la clave. El oficial debe tener cuidado y no reaccionar muy de prisa porque puede estar tratando de sacar una cámara, o simplemente una peinilla para peinarse, etc.)

- Si la escolta del VIP es en un vehiculo, él Oficial de Seguridad debe tener mucho cuidado con aquellos objetos que pueden aparecer en el vehiculo o cerca del vehiculo, pudiera ser una bomba. Si el oficial observa algo que le pareció sospechoso, no debe intentar tocarla y mucho menos moverla. Simplemente aleje al VIP del lugar y notifique a las autoridades pertinentes. Aléjese del peligro y mantenga otras personas alejadas hasta tanto las autoridades pertinentes se hagan cargo de la situación.

- A la primera señal de peligro, tales como detonaciones el Oficial de Seguridad debe proteger al la persona VIP, cubriéndolo y poniéndolo a salvo. ¿Cubriéndolo? Sí, cubriéndolo. Esto suena fuerte, pero ese es su responsabilidad como Oficial de Seguridad. Esto no significa que usted se va a parar de frente para que la bala le dé a usted en el pecho, y parecer como todo un héroe. No, simplemente me refiero a que usted le busca un lugar seguro.

4. Escolta de Empleados Despedidos

Si el Oficial de Seguridad es llamado a escoltar una persona que no es bienvenida en los predios de la empresa, debe ser firme, pero con mucho tacto. No debe ser ofensivo, ni abusar de su autoridad, pero tampoco puede permitir al individuo a que viole las reglas de seguridad de la empresa.

En el caso de empleados que han sido despedidos por la empresa, el Oficial de Seguridad no debe bajo ninguna circunstancia agravar el disgusto o vergüenza que pueda sentir la persona en esos momentos, pero a la misma vez no debe permitir que el empleado cree problemas. Una vez el empleado es escoltado hasta su vehículo, el Oficial de Seguridad debe asegurarse que el empleado ya salió de los predios de la empresa y hacer en un informe escrito o registro provisto para reportar incidentes.

F. Patrullaje

1. Patrullaje a pie

El patrullaje es uno de los deberes más importantes de un Oficial de Seguridad. Esto significa dar vueltas periódicas a su área de trabajo, para proteger la vida de las personas y la propiedad de la empresa. Esto debe hacerse, tan pronto tome su puesto, tratando de recopilar toda información importante que haya ocurrido durante el turno anterior. Luego dar un recorrido por su área de trabajo por si hay algo fuera de lugar y a la misma vez hacer las debidas anotaciones de los resultados de su patrullaje.

El patrullaje es importante, ya que el Oficial de Seguridad son los ojos y oídos de la empresa, y su deber es tratar de evitar que ocurran fuegos, que hayan intrusos, ladrones, vándalos o alguna situación que amenace la estabilidad y seguridad de la empresa para la cual usted trabaja.

2. Qué Debes Observar Durante el Patrullaje

Los fuegos destruyen vidas y propiedades, por tal razón, el Oficial de Seguridad tiene una responsabilidad muy grande en sus manos. Por esto, tiene que estar bien atento y vigilar para que esto no ocurra. Debe cuestionarse lo siguiente:

- En caso de fuego, ¿hay suficiente equipo para extinguirlo?

- Los extintores, ¿tienen la tarjeta de inspección y no están vencidas?

- ¿Hay algún equipo que impida tener acceso al extintor?

- Las puerta de escape (emergencia), ¿están obstruidas?

- Las líneas de riego ¿no están cerradas?

- ¿Hay alambres eléctricos expuestos y que representan un peligro?

- ¿Hay combustible, trapos o basura que puedan contribuir a peligro de fuego?

2.1 Tenga Curiosidad

El oficial debe ser curioso y si al llegar a su puesto de trabajo y observa algo que no es común y que no entiende, debe preguntar. Si mientras hace un recorrido por su área, observa algo que esta fuera de su lugar, como puertas abiertas, las cámaras están apuntando hacia otro lugar, etc., debe de comunicarlo a su supervisor de inmediato y redactar un informe con las irregularidades que encontró.

Tenga curiosidad y esté atento al personal que se encuentre en cada área. Verifique si el empleado ya terminó su turno, y si está autorizado a estar en ese lugar. Empleados que ya terminaron su turno de trabajo o una persona que no tiene razón para estar en ese lugar. Si el empleado es de jardinería y está en área de huéspedes y no existen plantas, no debe haber razón alguna para que ese empleado esté en ese lugar. De estar fuera de área, con mucho tacto y respeto debe indicarle que debe salir del área.

2.2 Peligros de la Seguridad

El Oficial de Seguridad debe estar pendiente y reportar al departamento correspondiente todos aquellos peligros de seguridad que encuentre durante su recorrido, por ejemplo:

- Puertas que no deben estar cerradas

- Pisos resbalosos

- Escaleras con poca luz o a obscuras

- Bombillas fundidas

- Hoyos en el pavimento

- Puertas con problemas para abrir

- Candados dañados y no funcionan

- Otros equipo que no están funcionando de manera apropiada.

3. Equipo Requerido al Hacer un Patrullaje Efectivo

A continuación una lista del equipo primordial que debe tener en cuenta un Oficial de Seguridad, al realizar un patrullaje para que éste sea efectivo.

a) Linterna para alumbrar espacios con poca visualidad.

b) Una libreta pequeña para hacer anotaciones importantes.

c) Bolígrafo para escribir y si posible uno adicional

d) Radio de comunicaciones "walkie talkie".

e) Si es armado, que su arma de fuego funcione y tenga municiones suficientes, al menos una carga adicional

f) Uniforme y zapatos cómodos.

4. Ventajas y Desventajas del Patrullaje Vehicular

Una de las ventajas del patrullaje vehicular es:

a) Se hace más rápido y es más eficaz porque se cubre más terreno que a pie.

b) El patrullaje se hace menos peligroso en lugares de alta incidencia criminal, ya que existe una barrera entre el Oficial de Seguridad y el peligro.

c) En el vehículo puede cargar mas equipo.

Así como hay ventajas, también existen desventajas de un patrullaje en vehículo.

- Si el Oficial de Seguridad patrulla el área con los cristales arriba y una persona está gritando pidiendo ayuda, las probabilidades de escuchar y poder socorrer a la víctima , son mínimas. (Ejemplo; una mujer siendo violada o cualquier otro acto de violencia.)

- El ladrón o el ratero puede detectar la presencia de la patrulla a distancia, por el tamaño del vehículo y por el ruido del motor y éste esconderse y hasta usted puede atacado.

4.1 Como Hacer un Patrullaje Efectivo

El Oficial de Seguridad conducir despacio por las siguientes razones:

- Conducir despacio evita accidentes

- Ve mejor las cosas que están pasando en su área.

- Si tiene que detenerse, lo hace con más seguridad

- Haciendo un patrullaje cuidadoso, el oficial luce más profesional y demuestra que conoce su trabajo.

4.2 Cuidado del Vehículo - El Oficial de Seguridad debe evitar maltratos al vehículo en que patrulla. Debe verificar la condición del vehículo (gomas o llantas gasolina, aceite, etc.) antes de comenzar a hacer el patrullaje y el funcionamiento del radio. Al recibir una llamada por radio, debe contestar de inmediato y de manera profesional utilizando las claves.

4.3 Planificar la Ruta - El Oficial de Seguridad debe conocer su área y saber hacia donde se dirige de forma segura, tanto por la seguridad personal de otros como por la suya. No debe conducir de forma atolondrada o descuidada.

4.4 <u>Bajarse y Caminar-</u> Debe ocasionalmente, bajarse del vehículo con su radio en mano y caminar por el área. Al hacerlo debe apagar el vehículo, sacarle la llave y para mas seguridad debe cerrarlo con seguro. Si es de noche, debe considerar llevarse la linterna, puede en algún momento necesitarla.

4.5 <u>Persecuciones innecesarias -</u> El Oficial de Seguridad aunque parezcan policías, la realidad es que no lo son. Por tal razón, no deben perseguir otros vehículos a velocidad exagerada. Es preferible que llame por rádio a otro personal de seguridad alertando de la situación y que a la misma vez llamen a la policía estatal o municipal para que tomen cartas en el asunto.

<u>Resultados Negativos de una Persecución</u>

- Puede chocar la patrulla.

- Puede lesionarse, o lesionar a otra persona.

- El sospechoso puede escapar, por las primeras dos razones.

- Puede dañar la propiedad de la empresa.

- Pueden haber demandas contra la empresa que usted representa.

- Usted se expone a un despido de su trabajo.

El Oficial de Seguridad no debe olvidar que por cada acción hay una reacción, donde no todas son positivas. Es preferible anotar la tablilla y descripción del vehículo, para que las autoridades tomen acción y evitar resultados desastrosos, tanto para la empresa como para el oficial mismo.

5. Anotaciones y su Importancia

Para ser un Oficial de Seguridad profesional, no importa el puesto que ocupe, una libreta y un bolígrafo tienen que ser parte de su uniforme. Es esencial que usted anote lo siguiente;

- Tablillas y descripción de vehículos sospechosos.

- Descripción de personas sospechosas.

- Información que se le ofrezca al repartirse el turno.

- Fecha, hora, lugar, etc. y detalles del incidente

- Redactar el reporte.

- Observaciones de una escena de un crimen o accidente.

Toda esta información es importante porque al asistir a un tribunal, donde el oficial es testigo de un caso, las notas de su libreta le serian útil a la hora de sentarse a declarar. Hay que recordar que el oficial nunca debe confiar en su memoria, porque esta puede fallar, somos humanos. Pero las anotaciones que usted plasme en la libreta no fallan.

Ejemplo de un Posible Interrogatorio en un Tribunal

Abogado: *Oficial como estaba vestido el acusado en este caso el día de los hechos.*

Oficial de Seguridad: *Bueno, creo que era una camisa negra, no perdone creo que era azul. Pero si el tribunal me lo permite, yo lo anote en mi libreta. Si mire, era azul.*

<u>Abogado</u>: *¿Está seguro de que era azul?*

<u>Oficial de seguridad</u>: *Si estoy seguro, porque lo anoté en mi libreta de apuntes.*

Los casos se ganan o se pierden en los tribunales, por la seguridad en que el testigo declare. Por lo tanto, el oficial debe estar claro de lo que dice en un tribunal, no debe crear dudas en el juez o el jurado. Siempre he dicho que " lo que se escribe, no se olvida "., recuerde siempre eso. Una cosa muy importante es, que una vez usted usa su libreta de anotaciones en un tribunal, el abogado puede solicitar al tribunal tener acceso a su libreta. Mi recomendación es que esa libreta debe estar limpia y escriba solo lo necesario, no anote lo que necesita comprar en el supermercado.

<u>Nota:</u> Es muy importante que cuando el Oficial de Seguridad, este declarando, conteste solo lo que se le está preguntando y mirando al juez. Si le pregunta el abogado, cual es su nombre, solo conteste lo que le preguntó. No es necesario que diga, mi nombre es John Doe y mi papa se llama John Doe, Senior. Usted le estaría tendiendo un puente al abogado, para que le haga otra pregunta, que quizás usted no quería contestar. Concéntrese solo en lo que le pregunta y no tenga temor, el abogado es un ser humano como lo es usted, el/ella no vienen de otro planeta, pero conteste las preguntas con mucho respeto.

6. Anotaciones Importantes de lo que Encontró

Si al hacer su patrullaje todo está en orden, hágalo constar en la libreta de apuntes, anote solo lo esencial. De lo contrario, si hay algún hallazgo anote lo siguiente anote:

- Fecha, hora, lugar de los hechos <u>Ejemplo</u>: 3 de noviembre de 2013, hora 2:35 p. m. frente a restaurante EL Palomino, en x pueblo.

- Nombre de las personas o persona envuelta en los hechos.

- Detalle correctamente cómo ocurrió el incidente o accidente. Recuerde el ¿Que? ¿Cuando? ¿Donde? Como? ¿Porque? Esta clave es vital para una buena investigación

6.1 Anotaciones Necesarias para un Accidente de Auto

Para un accidente de auto es necesario que se tome la información necesaria como:

* Anote fecha, hora, lugar de los hechos. Lugar exacto de los hechos o un punto de referencia.

* Ejemplo:

  Auto #1 Ford Mustang 2010, color amarillo, tablilla 25G202, conducido por John Doe,

  Auto #2, Mitsubishi Nativa año 2012, color rojo, tablilla 32W215, abolladura en la parte trasera.

* Nombre correcto de las personas envueltas en el accidente.

* Tome el nombre y número de placa del Policía que investigó el accidente, una vez llegan a la escena. Estas son notas para su informe.

* La condición del tiempo (si estaba mojado el pavimento, si estaba soleado) es necesario para ayudar en la investigación. Recuerde que en algún momento lo pueden citar a usted como testigo del caso.

* Una vez que termine de hacer el reporte en su libreta, no lo bote o la destruya , usted no sabe en que momento tiene que consultar algún detalle no escrito. *Acuérdate de no confiar en tu memoria, pues puede fallar, mientra que lo que se escribe, no se olvida.*

7. Como Redactar un Reporte

Un reporte o informe es aquel documento escrito que se redacta cuando el incidente envuelve la seguridad de la empresa, sea directa o indirectamente. Ese reporte debe redactarse a la mayor brevedad posible y entregarlo al supervisor de turno. No obstante, cuando ocurre un incidente o accidente en su puesto o área de trabajo, debe notificarlo inmediatamente. No obstante antes de que termine su turno de trabajo, el informe o reporte debe estar ya redactado y entregado al supervisor del turno o encargado.

Nada puede ser más desagradable, que el Oficial de Seguridad se encuentre en su día libre con su familia y tengan que llamarlo a su casa, para que regrese a redactar el informe, porque a usted se le olvidó o estaba muy cansado. En ocasiones, estos incidentes se complican y es sumamente necesario tenerlos a la mano.

Una vez entregado el reporte a la empresa o gerencia de seguridad, éstos los archivan según lo establece sus procedimientos, que pueden ser hasta por diez años.

7.1 ¿Que Debe Reportar?

Como he explicado anteriormente, hay que anotar todo lo que acontece, hasta el más mínimo detalle que pueda ayudar a corregir o esclarecer el evento. Esto puede ser delitos o crímenes ocurridos dentro de los predios de la empresa, fuegos, inundaciones, daños por desastres naturales, como inundaciones, huracanes, temblores, etc.

También, se deben reportar los hallazgos durante huelgas, paros, 'walk out', o cualquier otro incidente o accidente que ocurra dentro de los predios de la empresa.

De estar envuelto el Oficial de Seguridad, en algún altercado, es importante que escriba y detalle el incidente y la persona o personas involucradas. Para que el reporte tenga valor y sea efectivo este tiene que ser;

- Sin Pérdida de Tiempo – Un reporte escrito del incidente debe ser entregado a su supervisor o encargado, lo antes posible y antes de dejar el turno de trabajo

- Legible – La redacción del reporte debe estar escrito de manera legible, con los menores errores de ortografía. Debe escribir de forma tal, que otra persona pueda entender lo que se quiere reportar sin tener que llegar a preguntar, pues ha explicado clara y legiblemente el reporte. Si es posible, haga un borrador antes de hacer el reporte final.

- <u>Completo</u> – Como le había comentado anteriormente, en el momento de estar redactando un informe debe considerar las cinco preguntas claves de una investigación, QUE, DONDE, CUANDO, QUIEN Y PORQUE del hallazgo.

- <u>Breve</u> – El reporte deber ser breve y conciso, que se explique lo que quiere comunicar sin mucho titubeo.

G. Control Conocido También Como Centro de Mando-

El trabajo del Radio Operador en Centro de Mando o Control, es tan importante como el del Oficial de Seguridad que esté patrullando u ocupando cualquier otro puesto. La efectividad de un turno de trabajo está en la manera rápida y efectiva que se transmita un mensaje radial, pues la vida y la seguridad de sus compañeros, huéspedes, empleados, visitantes, etc., dependen de esta comunicación.

El radio operador, al momento de transmitir un mensaje de una situación de emergencia, debe actuar sereno, rápido, en control de sus nervios y emociones para no confundir a los otros Oficiales de Seguridad que están respondiendo al a emergencia. Esto es de vital importancia.

Una de las cosas que ocurre durante una emergencia, es que todos los que tienen un radio quieren hablar a la misma vez, esto es un error. Es peligroso porque causa confusiones, por lo cual es importante que el radio operador controle la situación y establezca quien tiene mayor prioridad. Por lo tanto, el Oficial de Seguridad que está en el medio de la situación tiene más prioridad que el que está retirado y que viene de lejos para ayudar.

Cuando el radio operador recibe una llamada telefónica de un robo en proceso y el/los asaltantes tienen armas de fuego, debe notificarlo al Oficial de Seguridad que se dirige al lugar para intervenir, para que tome medidas de seguridad antes de llegar al lugar y alertar a las autoridades policíacas. No envíe a un oficial solo a atender una situación delicada, solicite ayuda y mantenga las otras unidades fuera del aire, hasta tanto se verifique la situación. Si a la misma vez surge otra situación, entonces el radio operador determinará el darle paso a la situación.

El mensaje que se a transmite debe ser lo mas claro posible y conciso, no haga una historia., el tiempo es oro. Esto es tanto para el radio operador como para sus otros compañeros. Los Oficiales de Seguridad, no deben tomar los valores de la comunicación como un juego. La vida de sus compañeros, huéspedes, empleados o visitantes pueden correr peligro. Si el radio operador al recibir una llamada no entiende que el mensaje porque no es claro y crea confusión, debe tratar de calmar la persona. Pues hay que entender que somos humanos y los nervios en ocasiones nos traicionan.

Una de las reglas y costumbre que debe de tener un buen Radio Operador, es que al iniciar su turno, es hacer una prueba con cada uno de los radios de los patrulleros y puestos fijos para asegurarse que todo está en orden y que sus radios están funcionando en perfecto orden. También, a modo de sugerencia, debe hacer una prueba cada una hora para verificar que su patrullero y puestos fijos, tiene sus radios funcionando correctamente. Esto puede prevenir una situación que puede estar ocurriendo al oficial no responder.

Es posible que alguien le esté haciendo alguna pregunta al Oficial de Seguridad y que haya bajado el volumen del radio por unos instantes, pero que al terminar olvidó subir el volumen nuevamente. Tenemos que recordar que tus compañeros son seres humanos.

Si el oficial no responde, notifique de inmediato al supervisor, para que pase al puesto asignado o envíe a otro para verificar y asegurarse de que todo está normal o brindarle ayuda, si ese fuera el caso. El Radio Operador debe saber que la vida de un compañero, huésped, empleado o visitante, depende la efectividad con que el maneje su puesto de trabajo.

El Radio Operador debe anotar todas las comunicaciones relacionadas a cada situación que atienda. Todas las llamadas son importantes por lo que al anotarlas deben hacerse clara y sin errores, anote fecha, hora, si posible nota de la persona que llamó y un breve relato de la llamada..

1. El Radio Operador (Control o Centro de Mando) y las Llamadas Telefónicas

Por lo general, las llamadas que recibe el radio operador o Control, van desde una emergencia médica hasta la ayuda para abrir una habitación. Este puesto se conoce como "Control", porque es ese oficial el encargado de controlar toda la comunicación de los radios y llamadas telefónicas recibidas en ese puesto.

Por lo tanto, éste debe ser ágil y capaz de atender varias cosas a la vez. Si surge el caso de tener dos llamadas a la vez, una de un Oficial de Seguridad en uno de los puestos que le está pasando una información, pero que no es urgente, debe comunicarle que espere mientras atiende la otra llamada, que esa sí puede ser urgente. Debe tener la capacidad para decidir cual de ellas tiene más prioridad.

Si al contestar la segunda llamada y entiende que no es urgente, entonces debe comunicarle que será puesto 'en espera' y contestar la llamada primera. Todo este proceso debe hacerse con mucho tacto y amabilidad. Cosa que la persona que está en la línea telefónica, no vaya a pensar que usted no lo quiere atender y piense mal de usted o del servicio. Luego de atender la primera llamada, recuerde de atender la llamada que tiene en espera.

Siempre que reciba una llamada telefónica debe saludar, identificar el área de donde se está contestando la llamada e identificarse correctamente.

Ejemplo: "Seguridad, buenos días, oficial Rivera, como le puedo ayudar, así la persona se prepara para contestar de la misma manera y ofrece con libertad la información que usted quiere obtener. Es crucial que el operador de radio tenga uno o más bolígrafos y libreta/papel a la mano para hacer las debidas anotaciones.

Si al recibir la llamada el radio operador nota que la persona está nerviosa, trate de calmarla y llevarla a que transmita la información clara y correcta. Esto lo hace con un sistema de preguntas como; qué ocurre, lugar exacto del evento, nombre de la persona que llama, etc., así el radio operador podrá dirigir la situación y enviar la ayuda necesaria, según sea el caso. Si la persona rehúsa identificarse, no lo obligue quizás solo quiere pasar una confidencia.

El teléfono no debe mantenerse ocupado en conversaciones sociales o innecesarias. Este debe estar libre para la comunicación. Usted no sabe cuando puede surgir una emergencia real, donde la vida de alguien puede estar en inminente peligro de muerte. Por lo general es el operador de radio quien asigna las prioridades, según éstas se reciban; siempre dando prioridad a la que realmente la tenga más urgencia. Por ejemplo; un accidente debe tener prioridad antes que la solicitud de un escolta.

Cuando el Oficial de Seguridad recibe una información, en la cual le puede crear alguna confusión, pida que le repita la información en forma de clave.

Por ejemplo: una tablilla de automóvil, puede ser deletreado letra a letra de la siguiente manera: *A de Ana, B de bueno, C de Carlos, D de David, E de elefante,* etc. una letra y un nombre que lo identifique.(Tablilla BDE-325) puede decir B de bueno, D de David, E de Eco 325.

2. Responsabilidad del Patrullero

Un patrullero es el Oficial de Seguridad que se mantiene haciendo rondas o patrullaje, ya sea en un vehículo de motor o caminando a pie. Para que el patrullaje sea más efectivo, el oficial encargado del patrullaje debe mantenerse en comunicación con el Operador de Radio, todo el tiempo.

- Debe mantener buena comunicación asegurándose que su radio está en condiciones óptimas. Recuerde que el equipo se puede dañar, la batería se puede descargar o que el Oficial de Seguridad accidentalmente bajó el volumen del radio y no lo había notado.

- El radio debe estar siempre encendido y en alerta por una llamada de emergencia donde requiera su ayuda.

- Durante una situación de emergencia el Oficial de Seguridad debe mantener la calma, porque que si se afecta emocionalmente no puede pensar con claridad. En caso donde necesita ayuda, hable claro y de manera pausada. Informe el lugar exacto del incidente o accidente y si posible, dígale de manera breve, que ocurrió para que de esta manera el radio operador conozca, cual es la ayuda que debe enviar.

- Es bien importante que el patrullero conozca las claves de seguridad para poderse comunicar efectivamente. De no saber las claves debidamente, puede complicar la situación al ser mal interpretado. Hay cosas que no se deben decir por radio en algunos momentos, excepto por una clave.

Ejemplo:

Usted esta lidiando con una persona embriagada. La clave de seguridad para personas en estado de embriaguez es 10-25, pero que usted no conoce la clave y dice por radio frente a la persona, "es que este señor está borracho".¿No piensa usted, que esto agravaría más las cosas? Claro que si.

El Oficial de Seguridad, debe usar el radio de manera sabia e inteligente. El Oficial de Seguridad debe saber que el radio no es para usarse, para bromear con otros compañeros o para conversaciones sociales. El Oficial de Seguridad, tiene que saber en qué momento puede interrumpir una conversación. Si la información que le fue transmitida la entendió, debe contestar con la clave correcta, por lo regular es 10-4. La persona que le transmite la información quiere estar seguro que la información fue recibida correctamente y entendida. Si no la entendió, pídale con la clave para que repita la información. Ejemplo; Control "10-9" ya con esto le está pidiendo que repita la información. Así de simple.

3. El Radio Operador y el Sistema de Alarmas

Los sistemas de alarmas son vitales para el buen funcionamiento de una empresa. Cuando el Radio Operador recibe una señal de alarma de algún lugar de la empresa, debe anotar el lugar de la emergencia, hora en que la recibió, nombre del oficial que envió y enviar al Oficial de

Seguridad más cercano para verificar. Si en el área de la emergencia hay teléfonos cercanos, puede verificar con otros empleados si en realidad está ocurriendo la emergencia. Una vez el oficial enviado llega al área, debe notificar al radio operador lo que realmente está ocurriendo, para decidir cual es la ayuda necesaria que debe enviar, sea policía, bomberos, ambulancias, etc.

4. Emergencias Naturales y Emergencias Ocasionadas por el Hombre

La amenaza a una situación grave siempre está presente, aunque muchos Oficiales de Seguridad quizás nunca se hayan enfrentado una situación de emergencia grave. Estas emergencias pueden ser clasificadas, como emergencias naturales y las ocasionadas por el hombre.

4.1 Emergencias de la Naturaleza

Estas son emergencias que son ocasionadas por la naturaleza y no provocadas por el hombre directamente. Toda empresa debe un plan de acción diseñado para responder a una situación de esta índole. Este plan debe estar bien estructurado y organizado para la preparación y poder enfrentar la emergencia y así evitar pérdida de vidas y que los daños sean los mas mínimos posibles. La responsabilidad para que este plan sea efectivo recae en la empresa, pero el equipo de seguridad juega un papel sumamente importante para que el plan sea efectivo.

Estas emergencias se identifican como huracán, tormenta, tsunami, terremoto, tornado. Todos los antes mencionados son desastres naturales reales, que tienen el potencial de destrucción masiva, pérdida de vidas, etc.

Tormentas Tropicales y Huracanes

En caso de que uno de estos fenómenos naturales amenace nuestras costas debemos estar preparados mentalmente, para enfrentar la emergencia. Estos fenómenos naturales tienen mucho potencial de destrucción y pérdida de vidas. Cuando alguno de estos fenómenos naturales amenaza el área del Caribe, el departamento de Meteorología y Defensa Civil, nos advierte de que hay un peligro, para que nos preparemos y así enfrentar la emergencia.

Podemos recordar a huracán David en el 1979, Hugo 1989, huracán George 1998, Katrina 2005 y muchos otros, que han devastado ciudades. Sabemos que la temporada de huracanes comienza desde el 1 de Junio hasta el 30 de noviembre de cada año, por lo que es imprescindible que las empresas tengan un plan de contingencia, para que no los tome por sorpresa. Hay un refrán que dice "mejor es tenerlo y no necesitarlo, que necesitarlo y no tenerlo."

Estos fenómenos naturales se clasifican de la siguiente manera;

* Tormenta Tropical- Son vientos sostenidos desde 39 mph. hasta 73 mph.

* Huracán categoría 1- Vientos sostenidos desde 74 m.p.h. hasta 95 m.p.h.

* Huracán categoría 2 – Son vientos sostenidos desde 96 mph. hasta 110 mph.

* Huracán categoría 3 – Son vientos sostenidos desde 111 mph. hasta 131 m.p.h.

* Huracán categoría 4 – Son vientos sostenidos desde 132 mph. hasta 155 mph.

* Huracán categoría 5 – Son vientos sostenidos mas de los 156 mph.

Cuando el departamento de Meteorología advierte que el peligro es inminente, ya sea del azote de una tormenta o huracán, los Oficiales de Seguridad deben seguir los siguientes pasos o guías:

- Seguir las instrucciones de la persona encargada según el plan diseñado de antemano.

- Asegurarse que todas las personas de la empresa/hotel o lugar para el cual está trabajando, estén seguros en un lugar o refugio.

- Verificar las áreas en conjunto con otros departamentos, como ingeniería y asegurarse que no haya material suelto, que pueda hacer daño a personas o propiedad de la empresa.

- Estar atentos a todas las señales de peligro, para tomar todas las medidas de precaución.

- Mantenerse en comunicación con las autoridades municipales, estatales y Defensa Civil, y ofrecer de inmediato a la empresa o administración cualquier información que reciban.

- En el caso de hoteles, la gerencia deberá avisar a sus huéspedes, de la acción que van a tomar, para mantenerlos a salvo. Avisarles para que antes de moverse al área de refugio, lleven aquellas medicinas importantes que necesiten para su cuidado de salud mientras dure la emergencia.

- En caso de que no tengan una caja de seguridad en su habitación, deben depositar los objetos de valor en la caja fuerte del hotel. Si las llevan consigo al refugio, debe ser bajo la responsabilidad de éstos.

- En los refugios, durante la emergencia, no se debe permitir el uso de drogas ilegales, bebidas alcohólicas. Tampoco se debe permitir bromas pesadas, ni provocaciones

- Los Oficiales de Seguridad deberán mantenerse en sus puestos, a menos que se le haya dado otra orden y que no haya un peligro inminente.

- Mantener el orden el orden y la calma en el refugio. No se les debe permitir a las personas salir fuera del refugio, hasta tanto las autoridades den la orden de que pueden hacerlo.

- Hacer las debidas advertencias de precaución y seguridad a las personas antes de partir hacia a sus respectivos hogares, de los peligros que puedan encontrar..

Recuerdo que nuestros abuelos mencionaban sobre "el rabo del huracán". Ellos pensaban que ya el huracán estaba pasando. Ahora que conocemos más sobre huracanes sabemos que esto no es otra cosa que el ojo del huracán estaba llegando. Por lo general el ojo del huracán puede tener un radio de 50 millas, por lo que esto significa que el huracán aún está en su apogeo y no ha terminado de pasar. Es por esto que debemos seguir las instrucciones de las autoridades, que digan que es seguro salir.

Terremotos

Un terremoto es el movimiento brusco de la Tierra, causado por la brusca liberación de energía acumulada durante un largo tiempo. La corteza de la Tierra esta conformada por una docena de placas, cada una de ellas con características físicas y químicas. Estos terremotos ocurren cuando las palcas tectónicas se están acomodando.

Estos terremotos son impredecibles, es necesario que el oficial ya tenga determinado que hacer y dónde refugiarse según aconsejan las autoridades o expertos en esta materia. Se recomienda buscar un lugar donde refugiarse, agacharse, cubrirse la cabeza de posibles golpes y sujetarse.

Tsunami

Si la emergencia es un tsunami, ya de antemano tendrá información del momento que se espera el azote. La recomendación de la autoridades es alejarse lo más pronto posible y buscar lugares altos, donde el oleaje no puede llegar y ayudar a las personas especialmente ancianos niños o personas que no se puedan valer por si mismo.

4.2 Emergencias por fuego

Los fuegos son emergencias que pueden ocurrir de forma natural en tiempos de sequía como en lugares boscosos. Surgen de forma espontánea, como los que ocurren en los bosques de California o pueden ser ocasionados de manera intencional, por mano del hombre. Si el caso es de un fuego dentro de un edificio, y cuando el oficial acude ya el fuego está fuera de control, el Oficial de Seguridad debe sacar a las personas a un lugar donde estén fuera del peligro e inmediatamente llamar a los bomberos. Si está a su alcance, tratar de que el fuego para que no se expanda, hasta que llegue ayuda.

Estos dos pasos son importantes y cruciales, poner a salvo del peligro a las personas y llamar los bomberos. Usted se preguntará, ¿cuál hago primero? Obre conforme a su buen juicio, ya que usted que está en el sitio donde está ocurriendo el fuego, y usted debe juzgar cuál debe ser primero.

Los Oficiales de Seguridad deben seguir todas las medidas y técnicas de seguridad aprendidas de antemano para el manejo de equipo para casos de fuego.

- Usar los extintores de fuego y otro equipo disponible como mangueras, ect.

- Si es posible, debe de tratar de que el fuego se mantenga en áreas pequeñas y que no se extienda. Cuando usted cierra las puertas o ventanas, evita que el aire que entre y se propague el fuego. Si le es posible debe remover todo material inflamable.

- Mantener libre acceso a las áreas de entrada para los bomberos y otras unidades de emergencias que van a ayudar.

- Los Oficiales de Seguridad deben saber que en casos de fuego, muchas personas mueren por asfixiadas o envenenamiento. Hay muebles que están construidos de un material que al inhalar el humo puede envenenar la sangre y morir. Un caso ya conocido de estos fue el Hotel DuPont, durante una huelga patronal.

4.3 Emergencias ocasionadas por el hombre

Al igual que las emergencias naturales, un equipo de seguridad bien entrenado puede ser efectivo para controlar una crisis ocasionada por el hombre. Una emergencia puede ser ocasionada por el hombre, de manera intencional o accidental, como por ejemplo los fuegos. Se han reportado casos de soldadores, donde una chispa ocasionó un fuego, quizás la persona no tuvo la intención de ocasionarlo, pero sí hubo negligencia. No obstante, cuando se tiene un plan bien trazado, la emergencia se puede reducir a un daño material mínimo y sin perdida de vidas humanas. Hay tres tipos de emergencias ocasionadas por el hombre, estos son actos terroristas, amenaza de bomba o motines. No importa en cual de ellas envuelva el factor humano, encontramos que hay varias reglas, que el oficial de seguridad deber seguir.

- Recopilar toda la información posible y en el menos tiempo posible.

- Avisar a las autoridades pertinentes, dependiendo de cual es la situación.

- Seguir las instrucciones del supervisor o persona encargada.

- Estar preparado mentalmente para cualquier evento.

- No debe exponerse, ni exponer a otras personas y evitar los peligros innecesarios.

- No importa cual sea la amenaza, debe seguir estas reglas para que la crisis no sea mayor.

4.4 Conato de Motín

Los motines aumentan en estos tiempos, especialmente en disputas laborales. En nuestro país hemos enfrentado crisis de esta naturaleza como la que ocasionó la venta de La Telefónica de Puerto Rico, la huelga de los estudiantes de la Universidad de Puerto Rico donde se amotinaron en el Capitolio, etc.

En estos motines siempre se encuentran los llamados agitadores profesionales. Estos agitadores profesionales exhortan a la violencia contra la propiedad o agresiones personales, en contra del personal de seguridad o de la empresa. Estos agitadores no pueden ser ignorados. Por lo general, esto ocurre cuando las partes en la disputa no están de acuerdo y aumenta la tensión y la confrontación física a tal extremo, que se pueden ir a las manos.

Yo siempre digo que, cuando un motín está en su apogeo es como un tren de carga cuando está en movimiento a una velocidad exagerada, es difícil detenerlo. Hasta un número pequeño de personas con ira, o quizás por temor y que estén unidos con el mismo propósito pueden ser peligrosos. Hasta un grupo pequeño de personas tranquilas, se pueden tornar violentos, sea por rumores o maltratos de otros individuos, y donde se rompe la comunicación entre los grupos y llega hasta la violencia al recibir amenazas. De manera, que los Oficiales de Seguridad al manejar la situación, con un plan de acción bien trazado puede hacer la diferencia, entre el derramamiento de sangre y la paz entre las partes. Nada puede inspirar más respeto y autoridad, que una fila sólida y unificada con oficiales bien preparados. No se puede permitir que un Oficial de Seguridad pierda los estribos y el control. Con uno solo que pierda el control, se echa a perder los planes.

4.4.1 Cómo el Oficial de Seguridad Enfrenta Estos Casos

- Mantiene la calma y controlar el temperamento.

- Ignora comentarios que puedan distraer su atención o agitarlo. Los insultos no le harán daño al oficial de seguridad.

- No debe intercambiar lenguaje obsceno u ofensivo con los miembros de la protesta.

- Debe radiar autoridad, y no el miedo aunque no lo sienta. Si las personas que protestan notan miedo en su persona, comenzarán a agitarlo y esto seria como moverle una capa a un toro.

- Si el oficial es armado, debe mantener el arma segura, pero no de manera amenazante.

- Debe mantener su posición y no romper fila hasta tanto se le ordene. Cuando reciba la orden, debe hacerlo con rapidez. Un momento de duda puede ser crucial y poner la seguridad en riesgo.

- Es indispensable que el oficial esté alerta por cualquier orden del supervisor o encargado.

- Los Oficiales de Seguridad no deben fumar, tener palillos de dientes en la boca o hacer algo que se pueda interpretar como una mala conducta.

4.5 Actos de Terrorismo

El departamento de seguridad es el responsable de evitar cualquier acto de terrorismo. Existen ciertas guías para evitar que esto ocurra.

- El Oficial de Seguridad debe prestar más atención al patrullar las áreas de su puesto, para evitar un fuego, etc.

- Debe reportar cualquier objeto que encuentre en su recorrido y que le parezca sospechoso, como una bomba o un artefacto explosivo.

- De parecerse a una bomba o artefacto explosivo, debe retirarse y alejar las personas del área. Como las ondas radiales pueden activar un artefacto explosivo, al llamar por radio para reportar el hallazgo, debe estar a una distancia prudente.

- Los Oficiales de Seguridad deben investigar cualquier persona que le parezca sospechosa en su área.

- El Oficial de Seguridad debe reportar de inmediato a la gerencia o a su departamento de seguridad, sobre cualquier rumor de actos terroristas o de algún plan que haya escuchado o le sea dado confidencialmente.

- Si usted sospecha de algún acto terrorista no actúe solo, pida ayuda. Muchos de estos terroristas, están entrenados hasta para matar por una causa. En los cursos de cómo lidiar con actos de terrorismo, se enseña que estos terroristas no actúan solos. Si el oficial se encuentra con un terrorista debe pensar que puede haber otro escondido y que puede ser atacado.

- Si el Oficial de Seguridad recibe información de que un acto terrorista está por acontecer, debe recopilar todos los datos posibles e informar a las autoridades para que los puedan arrestar antes de que ejecuten su plan.

4.6 Amenaza de Bomba

En ocasiones, las bombas o amenazas de bombas son los ingredientes de un acto de terrorismo. Por otro lado, las amenazas de bomba son hechas por personas como una broma de mal gusto.

Estas las usan para interrumpir el buen funcionamiento en las áreas de trabajo o escuelas, etc. Aunque esto le parezca como una broma, debe atenderse con seriedad. Como si fuera un acto real, uno nunca sabe.

De darse el caso en que se recibe una amenaza de bomba por teléfono, es una amenaza aunque la bomba esté ausente. Usted no está viendo la bomba físicamente, pero alguien dijo que había una. Nunca ignore una amenaza de bomba, el riesgo seria demasiado.

4.6.1 Qué Hacer Ante una Amenaza de Bomba

Como mencioné anteriormente, toda llamada de amenaza de bombas debe ser considerada como real, sin importar que usted piense que puede ser una broma.

La persona que recibe la llamada, debe escuchar con calma. Recordar todas las palabras exactas que se dijo y la manera en que lo dijo, en otras palabras, el tono de voz y hacer las debidas anotaciones lo antes posible para que no olvide ningún detalle.

Por ejemplo:

a) El ánimo de la persona: si notaba que la persona sentía coraje al decirlo

b) El acento de su voz, voz gruesa, voz de mujer/hombre, etc.

c) Ruidos que pudo escuchar como si fuera en la calle, por el ruido de automóviles, bocinas de autos, gente hablando, silencio, etc.

c) Todos estos detalles, aunque parezcan insignificantes, pueden ser de gran utilidad a las autoridades investigativas.

d) Debe mantener la calma al momento de recibir la amenaza para evitar el pánico en personas que puedan estar escuchando.

e) Esta información recibida, solo se le dará al supervisor de seguridad o encargado, o al gerente de la empresa y a nadie más. El supervisor deberá seguir el plan ya trazado para estos casos.

f) Todo empleado que maneja teléfonos en la empresa debe ser entrenado, en cuanto a recibir este tipo de llamadas y que anotar.

4.6.2 Oficiales Encargados de la Búsqueda

Al recibir una amenaza de bomba, el supervisor o persona a cargo pondrá en ejecución el plan de acción trazado para estos casos. Notificar al gerente de la empresa, Policía y bomberos. Los oficiales deben seguir las órdenes impartidas por el supervisor o encargado antes comenzar la búsqueda. Algunas órdenes generales son las siguientes:

- Lo primero que debe hacer es apagar el radio o celular.

- Una de las directrices debe ser que vayan en pareja para así seguir el patrón designado y cubrir más área. Por ejemplo;

- Debe imaginarse y trazar unas líneas imaginarias, de áreas pequeñas en forma rectangular y cubrir estas zonas una por una. El oficial #1, registra la sección #1 y el oficial #2, registra la sección #2. Luego intercambian su lugar y hacen el mismo procedimiento de búsqueda. De esta manera el área esta sujeta a una segunda opinión. El Oficial de Seguridad puede ver desde su posición, lo que su compañero desde la otra sección no puede ver. Si el intruso aún se encuentra en el lugar no puede cambiar de lugar si ser visto.

- Deben registrar todos aquellos lugares donde se puede esconder una bomba. Lo más probable es no la pongan encima de una mesa. Busque dentro de los zafacones con mucho cuidado, debajo de una silla, mesa, escritorio, una gaveta, planta de decoración, etc., siempre con la debida precaución. Los Oficiales de Seguridad, en estos registros deben estar alertas por alguna trampa o alambre que pueda indicar algún dispositivo explosivo.

- No olvidemos que todas las bombas son destructivas y que pueden fluctuar entre un paquete grande hasta uno del tamaño de una cajetilla de cigarrillos. En todas las bombas no hay un reloj.

- De encontrar un artefacto sospechoso, no lo toque, no lo mueva, y proceda a evacuar el lugar y alejarse del lugar. Notifique inmediatamente al supervisor o encargado del hallazgo y espere instrucciones. El Oficial de Seguridad debe asegurarse que nadie entre al lugar, hasta tanto llegue la Policía o la Unidad de Explosivos que son los expertos en estos casos. Toda comunicación, sea de radio o teléfonos celulares, deben ser apagados durante la emergencia, aunque otros digan que es un mito.

4.6.3 Oficiales a Cargo de Evacuar el Area

Para evacuar las áreas se asignarán oficiales para que manejen el personal comprometido. Debe actuar de la siguiente manera:

- Debe tener en cuenta los lugares donde haya cocinas (como en los hoteles) e instruir que apaguen las estufas antes de evacuar el área y así evitar que se agrave la situación. Cuando el oficial vaya a transmitir el mensaje, debe ser claro, pero sin gritar y no dar impresión de pánico.

- El Oficial de Seguridad debe prestar ayuda a personas con impedimentos físicos.

- No debe permitir el acceso a ascensores o elevadores e indicar cuales escaleras utilizar.

- Si una de las personas insiste en no salir del área, el Oficial de Seguridad debe tratar de convencerlo. Si luego de hacer el intento la persona se sostiene en no salir, éste se debe mover al próximo lugar para seguir ayudando a evacuar el área. El tiempo es oro, y usted no tiene el tiempo para entrar en discusiones. Desde luego, debe notificarlo a Control/ Radio Operador.

4.6.4 Oficiales a Cargo de Controlar el Público

El Oficial de Seguridad asignado a controlar el público debe hacer lo siguiente:

- No debe permitir que las personas regresen al edificio o área de la emergencia, excepto personas que haya sido autorizado.

- Debe mantener la vista en el público todo el tiempo.

- No debe envolverse con el público, haciendo comentarios o especular sobre la emergencia.

- No debe dar información a ningún reportero, sin estar autorizado.

- Debe mantenerse calmado todo el tiempo, de manera profesional, amable, y con mucho tacto, pero a la misma vez firme en cuanto a las reglas.

Una vez termine la emergencia y reciba orden de regresar a las labores, las personas deben regresar de la misma manera en que se salieron del área. Esto aplica para huéspedes, en el caso de hoteles o de hospedajes

Según estudios en amenazas de bombas, el 99% de este tipo de emergencia son bromas de mal gusto, pero que no se deben ignorar. Toda amenaza hay que atenderla de la misma manera. Ese 1% puede ser fatal, por lo que no se puede subestimar una amenaza, aunque crea que puede ser una broma.

Primera Ayuda

¿Qué entendemos como primera ayuda?

Esta es la ayuda inmediata o tratamiento temporero que se le puede dar o proveer a una persona victima de una lesión o una enfermedad. Esta primera ayuda es aliviar el dolor y mantener la persona lo mas cómodo posible, hasta tanto llegue ayuda medica profesional. Con este tipo de tratamiento podemos quizás evitar que la persona muera. Ahora bien, es importante que el Oficial de Seguridad, no intente sustituir al medico, solo debe administrar cuidado temporero. Ni más ni menos.

Responsabilidad del oficial de seguridad

El Oficial de Seguridad debe tratar de determinar cual es la enfermedad o lesión de la victima preguntándole, que enfermedad padece si es por algún padecimiento. Esta información es importante para cuando llegue emergencias médicas. El Oficial de Seguridad debe verificar con la persona donde es la lesión si ha sido por algún incidente. Si le es posible debe observar donde es la lesión, sin tener que mover la victima. El Oficial de Seguridad debe aplicar la ayuda necesaria según sea la necesidad, recordando siempre no es un doctor.

Que debe observar en la victima

Al comenzar a investigar un accidente o incidente, el Oficial de Seguridad, deberá notificar al supervisor del turno inmediatamente o lo antes posible. Si la condición de la victima es de tal magnitud, que debe ser atendida antes de que llegue ayuda medica, el oficial debe ver cuales son las condiciones visibles de la victima. En palabras simples, si el oficial observa que la persona tiene un infarto, debe atenderlo antes de ponerse a entablillar la fractura de la pierna. Debe evitar que la victima resulte con más lesiones. Cuando llegue la emergencia medica, debe informar todo lo que ha observado en la victima y que tratamientos le aplicaron si alguno. Si el Oficial de Seguridad, encontró alguna propiedad de la victima deberá entregarla a la policía mediante un recibo, con nombre y placa.

Emergencias médicas específicas

Sangrado

Hay tres maneras de sangrado. Estos son sangrado por los capilares, sangrado por vena y sangrado por las arterias. La primera no es tan seria. Esta puede esperar a un tratamiento mas tarde, porque la pérdida de sangre es poca. Usualmente con aplicarle una gasa sería suficiente. Las otras dos heridas o sangrados son mas serias y deben ser tratadas lo más rápido posible. Esto se puede conocer por la cantidad de sangre que sale o fluye de la herida. Esta sale mas rápido y a veces aterroriza a las personas. Este tipo de hemorragia tiene que ser controlada lo antes posible., de no ser así la persona puede desmayarse y puede causarle la muerte. Si es posible el Oficial de Seguridad debe elevar la parte de la herida sobre el nivel del corazón de la victima. Desde luego, esto solo no será lo suficiente como para detener el sangrado, pero ayuda un poco. Otro método es aplicándole presión sobre la herida. Esta presión se puede hacer de varias maneras;

Presión Directa

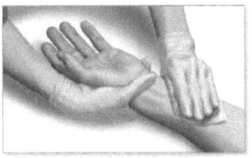

Aplicar presión directa sobre las heridas externas con un trozo de tela esterilizada o con la mano y mantener la presión hasta que el sangrado cese
✳ADAM

Mientras llega la ayuda medica, si no hay fracturas visibles, el oficial puede acostarlo la víctima sobre el suelo y controlar el sangrado poniendo presión directa, si es posible levante la parte de la herida. La presión directa se hace con un paño, toalla limpia; etc. no retire la presión directa en ningún momento. Continué con la presión hasta que logre detener el sangrado. Tome una gasa o un paño limpio dóblelo y sujételo amarrado firme sobre la herida para que la presión persista.

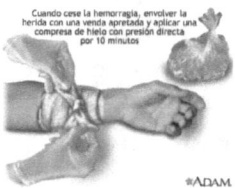

NOTA:

Puntos de presion

En ciertos puntos de presión las arterias mayores están tan cerca de los huesos que evitan que el derrame de sangre. Los principales puntos de presión en las personas son, el cuello, axilas, ingle piernas brazos y la cabeza.

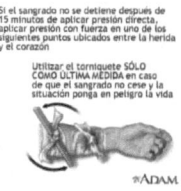

El Oficial de Seguridad deberá aplicar este tipo de presión solo si la vida de la victima esta en peligro inminente y como último recurso. Si esta presión se aplica de manera incorrecta puede ser peligrosa. Esta lección no cualifica al Oficial de Seguridad para estos casos en específico, solicite ayuda profesional inmediata.

Vendajes de presion

Los vendajes de presión son mucho más fáciles de aplicar en la forma correcta. Todo lo que necesita para controlar un derrame de sangre o hemorragia es un vendaje de presión, hasta que llegue ayuda médica profesional. Los vendajes deben ser colocados firmemente y de manera correcta para que no le retenga la circulación.

Torniquete

El torniquete tiene mala reputación en el área de los primeros auxilios de emergencias. Las complicaciones en el uso del torniquete han dado lugar a graves daños en los tejidos. Las víctimas tratadas con torniquetes han sufrido amputaciones de sus extremidades atribuibles a la utilización del torniquete, por lo que deben ser considerados como el último recurso

Esto no significa que los torniquetes no funcionen. Por el contrario pueden detener una hemorragia de sangre bastante bien y son útiles, en casos de hemorragias graves, que no se pueden detener de otra manera. Pero estos no son recomendados excepto, que luego de haber ejercido presión por 15 minutos, la hemorragia no se detiene.

Sintomas de hemorragia interna

En una hemorragia interna la sangre no se puede ver a simple vista pero, podemos sospechar, porque la fuerza que ocasionó la lesión fue suficiente para provocar la hemorragia interna. La persona está en shock, está pálido, débil, frío, incoherente. Quizás puede estar consciente, con pulso débil, rápido, etc. En algunos casos puede haber vómitos de sangre si la lesión es en el área del abdomen.

Hemorragia interna

En caso de una lesión, que resulta en una hemorragia interna, no hay mucho que se pueda hacer. Una persona que se sospeche que tiene una hemorragia interna, no se le debe dar nada de tomar. Se coloca con la cabeza de lado por si tiene vómitos y se cubre con una manta para estabilizar la temperatura de su cuerpo. La persona debe ser transportada a un hospital urgentemente a un hospital

Sangrado por nariz

Sangrar por la nariz no es serio, pero a veces es horroroso tanto para la victima como para el público que la esta mirando. El noventa por ciento de las veces, puede ser detenida rápidamente y de manera fácil siguiendo estos pasos;

- Sentar la victima con la cabeza más alta que su cuerpo.

- Se introduce una bolita de algodón en las fosas nasales y que la victima con sus dedos ponga presión sobre la nariz.

Vomitos

Si la victima esta acostada y tiene que vomitar debe entonces poner la victima de lado, para que no se ahogue con su propio vomito.

Entablillado

Se refiere a sujetar o inmovilizar la extremidad afectada, por un hueso roto y evitar así que la lesión se agrave. Para entablillar la extremidad de la victima, se puede usar hasta un pedazo de madera o aquellos objetos rígidos, como libros, periódicos. etc.

Fracturas

Las fracturas pueden ser expuestas. Esto significa que el hueso rompió la piel al partirse. Los huesos rotos o fracturas deben ser tratados prontamente pero dependiendo de otras lesiones o síntomas de salud. Un tratamiento rápido y correcto de una fractura puede ayudar a reducir los riesgos de un desmayo, alivia los dolores y puede prevenir otros daños. Los tratamientos para fracturas son;

- Si hay derrame de sangre primero contrólela

- Cubra la herida para evitar que se contamine

- Inmovilice la fractura y así prevenir movimientos

- Trate de calmar a la victima. Si usted sospecha que la victima tiene una lesión de la columna vertebral, no la mueva hasta que llegue ayuda medica.

COMO RECONOCER UNA FRACTURA – Algunas fracturas son fácil de reconocer mientras que otras no son tan fácil. Estas son señales de una fractura de un hueso:

- No debe tratar de llevar el hueso a su sitio, puede hacer mas daño que bien.

- La victima no puede mover la extremidad afectada

- Dolor fuerte o adormecimiento de la parte afectada.

- Hinchazón

- Sonido o sensación cuando mueve la extremidad

- La victima dice haber escuchado algo cuando ocurrió la lesión

- Señas de sangrado dentro de la piel

- Convulsión

Las reglas que debe seguir en este tipo de fractura son;

- No mueva la victima hasta que la parte afectada sea inmovilizada.

- Calmar a la persona

- Tratar la lesión lo antes posible, pero calmado

- Trate de evitar que la persona convulsa

- No permita que la persona se mueva, esto puede empeorar la lesión.

La persona debe ser movida con cuidado, hasta un hospital lo antes posible

Quemaduras

Estas lesiones suelen suceder mucho en las áreas de trabajos, por accidentes con agua caliente, quemaduras por soldaduras, etc. de ocurrir algo así debe;

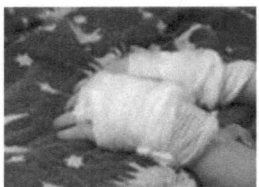

- Verifique que la persona esté respirando

- Si la respiración se ha detenido o si las vías respiratorias están bloqueadas, ábralas y comience a administrar CPR.

- No aplique ungüentos y evite reventar cualquier ampolla causada por la quemadura.

- Cubra el área de la quemadura con un vendaje estéril, húmedo y frío (si lo hay) o una pieza de tela limpia.

- Evite que la persona caiga o se vaya en shock

- Acueste a la persona elevándole los pies, aproximadamente unas 12 pulgadas y cúbrala con una manta o abrigo.

- Si usted sospecha que la persona esta en shock o que puede tener lesiones en el cuello, espalda, o piernas, No la coloque en esta posición y que lo hagan sentir incomodo.

- Si usted sabe que la quemadura es con químicos, como acido y existe el peligro de que aun haya químicos en su ropa, remuévala lo antes posible. Si fuera necesario corte la ropa y échele agua fría o fresca en el área afectada, hasta que no queden residuos del químico.

Convulsiones

Las convulsiones se dividen en dos grupos principales. Estas son convulsiones parciales, que ocurren en una gran parte del cerebro y las convulsiones generalizadas que son el resultado de actividades anormales en ambos lados del cerebro.

- La mayoría de las convulsiones duran de 30 segundos a dos minutos y no causan daños duraderos. Pero en aquellas que duran más de 5 minutos o que la persona tiene muchas convulsiones y no despierta, debe ser tratada como una urgencia medica.

- Las convulsiones pueden tener muchas causas, como fiebre alta, lesiones en la cabeza y ciertas enfermedades.

- Los posibles síntomas de una convulsión pueden ser, que la persona se sienta desorientada, mareada, pulso débil, palidez cerca o a nivel de la boca o de la mandíbula

- Una convulsión puede ocurrir por la perdida de sangre o la pobre circulación, que no permite que la sangre llegue al cerebro.

- Si la victima aún convulsa por mucho tiempo, puede causarle la muerte a la persona, aunque la lesión no sea grave.

Trate de que la temperatura de su cuerpo, se mantenga lo mas normal posible. No permita tomar líquidos, esto puede ser peligroso. Los oficiales de seguridad no deben medicar a ninguna persona.

Emergencias respiratorias

La falta de respiración en una persona, es la condición más crítica con que los oficiales de seguridad se puede encontrar. Es estos casos la vida de la victima depende de cuan efectivo sea el Oficial de Seguridad. Luego de tres minutos sin oxigeno el cerebro de la victima comienza a deteriorarse y después de cinco minutos el daño al cerebro, por la falta de oxigeno seria irreversible. Esto significa que el Oficial de Seguridad tiene que actuar con rapidez en administrar primera ayuda. Si no restaura la respiración, la muerte es casi segura.

Ahogamiento

Algunas emergencias respiratorias son debido a obstrucción de la traquea, quizás por comida o por algún objeto extraño. Esto ocurre mucho en restaurantes y residencias. En estos casos la persona deberá toser de manera violenta, esto puede ayudar a expulsar el objeto. Si no ayuda a expulsar el objeto, entonces el Oficial de Seguridad debe darle los primeros auxilios. Por lo que se le debe aplicar el método conocido como "HEIMLICH MANUVER ". Este método ha funcionado en el 99% de los casos de ahogamiento por objetos extraños en la traquea.

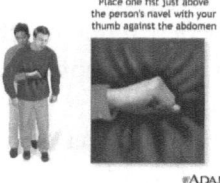

El Oficial de Seguridad deberá entonces;

- Pararse detrás de la persona

- Cerrar el puño de su mano derecha

- Debe poner el puño sobre el estomago de la persona y con su otra mano abrazar la persona por detrás agarrando el puño.

- En esa posición y debajo de la caja del pecho, deberá dar un halón violento hacia arriba, hasta que la persona expulse el objeto. De no resultar la primera vez, vuelva a intentarlo hasta que llegue ayuda médica profesional.

- Si luego de varios intentos aún no ha llegado la ayuda médica, y todavía persiste el ahogamiento, entonces el Oficial de Seguridad deberá, con la palma de su mano, darle palmadas fuertes por la espalda.

- Por ultimo si luego de varios intentos no resulta, introduzca su dedo en la boca de la persona hasta sacar el objeto de su garganta.

Sintomas de un ataque al corazon

En estos casos usualmente la victima siente presión y dolor de pecho. El dolor se puede sentir en el área del cuello, la mandíbula o brazos. La persona puede sentir nausea, debilidad en los brazos y dificultad para respirar. Con los adelantos de la medicina el desfibrilador ha venido a ser una bendición, pero si usted no tiene ese instrumento a la mano, utilice las técnicas aprendidas en este manual.

Asegúrese de que la persona esté sentada. No la acueste, y en casos severos puede mantenerlo inclinado. No permita que la victima se moleste, porque hay personas observando. Simplemente remueva las personas si no están ayudando en la emergencia.

Verifique si la victima tiene medicamentos para su condición cardiaca. Una pastilla de nitroglicerina puede ser puesta debajo de la lengua, <u>No le dé agua</u>. Remueva la ropa, prendas o cualquier otro objeto que usted entienda que le impide respirar. Quédese con la persona hasta que llegue ayuda médica profesional.

Ataques del corazon

Los ataques al corazón son los asesinos mas comunes en especial hombres, en especial personas mayores de edad. En la mayoría de los casos los ataques del corazón no son fatales, siempre que se le de la atención inmediata, hasta que ayuda profesional medica.

Interrupcion de la respiracion debido a otra causas

Si la persona no respira, y sabe que no es por ahogamiento, se debe aplicar la respiración de boca a boca. Hoy día existen unos equipos, los cuales usted no tiene que aplicar la respiración de boca a boca, pero si en esos momentos fuera necesario hacerlo, entonces el Oficial de Seguridad deberá hacer lo siguiente;

Resucitacion Cardopulmonar

Este procedimiento es comúnmente conocido como CPR o RCP en algunos países. Con este procedimiento se intenta restaurar la respiración y latidos del corazón de la víctima. En el caso donde el CPR o RCP, sea necesario, proceda de la siguiente manera;

1er PASO LLAME

Verifica el estado de ánimo de la víctima, tocándola por el hombro y con voz fuerte y clara le pregunta ¿Estas bien? Si la víctima no responde, llame al 911 y pida ayuda. Diga el lugar exacto donde se encuentra y regrese a la víctima. Pone la víctima sobre su espalda en el suelo en un lugar plano, para evitar lesiones, mientra le da el RCP. Limpie bien la boca de la víctima de cualquier sucio o vómito y verifique que la lengua no está obstruyendo la tráquea. Suelte la ropa apretada como la corbata, correa, ect.

2ndo PASO SOPLE

Respiración de boca a boca. Ponga su mano detrás del cuello y con sus dedos suavemente presione su frente hacia atrás, de manera que la barbilla esté inclinada hacia arriba. Arrodíllese al lado de la victima, y dóblese hacia abajo lo más cerca posible, a la boca y nariz para escuchar si respira. Ahora observe si el pecho para ver si levanta y baja. Si la respiración no es normal, tape la nariz con los dedos y dale soplos de dos segundos cada una.

3er PASO BOMBEE

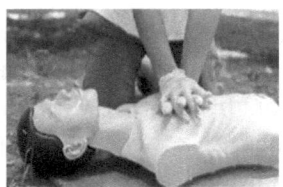

Si luego de eso la víctima todavía no respira normalmente, tose, o se mueve, empiece a presionar en el pecho. Busque con sus dedos el esternón de la víctima y sobre él coloque el talón de su mano. Coloca la otra mano en la parte superior de la primera mano, con la palma hacia abajo y con sus brazos rectos, presione el pecho hacia abajo (1 1/2 a 2 pulgadas) 15 veces, exactamente entre los pezones.

Bombee a un rango de 100 veces por minuto. Si no hay respiración siga los pasos de C.P.R. o (RCP) que es mantener la quijada o barbilla hacia arriba y sople cuatro veces en la boca de la victima sin detenerse y observe nuevamente. Si no respira repita el procedimiento nuevamente.

4to PASO

Como lo hizo la primera vez, Continúe dando respiración de boca a boca (2 respiraciones) y bombeando (15 veces) hasta que la ayuda llegue médica. NOTA: Cuando, más de una persona ayuda en RCP el procedimiento es el mismo. En el caso de dos personas, Una persona da respiración de boca a boca y la mientras la otra bombea el pecho. Luego intercambian posiciones y la otra persona que bombea el pecho, mientra que la otra le da respiración de boca a boca.

Dislocaciones o Torceduras

Una dislocación es una condición en la cual las coyunturas, tales como el hombro, codo, tobillos o mandíbula se salen de su encaje. La victima puede sentir mucho dolor, hinchazón y pérdida de movimiento en la parte afectada. A la persona se le debe dar tratamiento medico lo antes posible. El Oficial de Seguridad debe calmar la victima y entablillar la parte afectada.

Perdida de una extremidad del cuerpo

En ciertos accidentes la victima puede perder una de sus extremidades, como una pierna, un brazo o hasta un dedo. Estas son lesiones terribles y dolorosas. Aquí en esta situación la victima es posible tratarla por la perdida de sangre, convulsión, fallo cardiaco, o locura mental. Todas estas cosas pueden ocurrir a la misma vez.

Ya todas estas técnicas y sus tratamientos han sido cubiertas en este manual de entrenamiento. Ahora bien, con las técnicas actuales de la cirugía, las extremidades pueden ser colocadas nuevamente en la persona. Esto puede funcionar bien si el Oficial de Seguridad sigue las siguientes instrucciones;

*   Pida ayuda lo antes posible

*   Localice la extremidad y póngala o empáquela en hielo

*   Asegúrese de que envío la extremidad en la ambulancia con la victima

*   Si no tiene hielo en el momento, envuelva la extremidad en un paño limpio, mójelo bien y envíelo con la victima.

Agotamiento

Este tipo de enfermedad, ocurre por lo general en lugares extremamente calurosos. También ocurren en lugares como cocina y lavandería de los hoteles entre otras cosas. Hay tres tipos de agotamientos;

* Calambres por el calor

La victima padece de calambres en los músculos, muchas veces en los músculos de pecho o estomago. En este caso la victima puede sudar.

* Agotamiento por calor

La victima sufre nauseas, debilidad, desmayo, calambre en los músculos y puede sudar

* Ataque por calor

La victima no suda y la piel se mantiene caliente. No suda y la victima se desorienta use el mismo tratamiento que es recomendado para las tres condiciones, que son: Llevar la persona un área fresca. Si la victima pide agua, debe dársela y si hay pastillas de sal eso ayudaría mucho. Es necesario bajar la temperatura de la persona lo antes posible. Puede quitarle la camisa y mojarle la parte alta del cuerpo utilizando una esponja o paño mojado.

Persona ahogada

Si al sacar la victima del agua, la persona arroja saliva y respira, debe ponerla de lado para que tosiendo vomite el agua que ha tragado. El Oficial de Seguridad debe quedarse hasta que la persona se haya esta recuperado.

Sobredosis de droga

En aquellos casos por una sobre dosis de droga, es muy poco lo que Oficial de Seguridad puede hacer. No obstante el Oficial de Seguridad debe asegurase que la persona sea llevada a un hospital urgentemente. Usted puede reconocer una sobredosis de droga, porque las pupilas en la persona se dilatan, el pulso y la temperatura del cuerpo aumenta de manera acelerada.

Lo mas esencial en primeros auxilios

Lo más esencial en estos casos de primeros auxilios son;

* Pedir ayuda lo más pronto posible llamando al (9 1 1) ayuda medica profesional inmediata

* Brindarle los primeros auxilios aprendidos en este manual

* Recordar que estos son unos procedimientos temporeros hasta que llegue ayuda medica profesional.

La regla usual en estos casos es no mover la victima, pero si fuera necesario hacerlo por la peligrosidad del lugar donde se encuentra la victima, trate de hacerlo con mucho cuidado. Si le va a prestar los primeros auxilios a la victima;

* Asegúrese de que la victima esta respirando. Una persona con una lesión, que quizás no es tan grave, pero algún espectador hace algún gesto negativo, puede influir en que la victima se vaya en shock. Por lo tanto manténgalos alejados de la victima.

* Si dentro de los espectadores hay alguien competente que conoce de primeros auxilios permítale ayudar a la victima.

* Si hay una a hemorragia asegúrese que ya se detuvo

* Que la persona esta cómoda

* Mantener la victima caliente con una manta o abrigo

* Si la persona no puede caminar, póngala en una camilla, si tiene disponible

* El Oficial de Seguridad debe esperar a que llegue una ambulancia para transportar la victima. No lo lleve en su auto, por razones de demandas.

* Proyecte confianza y mantenga el orden.

No recete medicamentos

Si una persona pide algún medicamentos para una condición o dolor de cabeza, usted no se la debe suministrar. Usted no es medico. Hay una excepción y es en aquellos casos donde el medicamento es de la persona y usted sabe que es apropiada para la condición cardiaca de la victima como es la nitroglicerina. Luego de haber prestado los primeros auxilios a la persona, haga en reporte de los hechos o incidente.

Problemas Especiales que Enfrenta la Seguridad

Trato con Juveniles

Muchas veces los Oficiales de Seguridad, tiene que enfrentarse con delincuentes juveniles. De acuerdo a la ley de menores, estos no cometen delitos y son considerados como faltas. Aunque para adultos son considerados como delitos. Algunos jóvenes son utilizados por personas mayores de edad para cometer delitos o cometer vandalismo. Si un joven es detenido cometiendo una falta, por lo general son entregados a sus padres o encargado y citado al tribunal de menores, mientras que el adulto es llevado ante un juez de inmediato y quizás termina en la cárcel.

Hoy día los ofensores juveniles no respetan las leyes ni a los que ejecutan la ley, son arrogantes, temerarios y en algunos casos peligrosos. Estos jóvenes conocen la ley y sus derechos civiles. Es necesario que el Oficial de Seguridad conozca de la ley de menores. En algunos países se les prohíbe al Oficial de Seguridad interrogar o cuestionar a un menor de edad, aún hasta por un policía. Por lo tanto es necesario, que el Oficial de Seguridad conozca la ley de menores y su jurisdicción. Es imperativo que usted conozca bien la ley o de lo contrario el menor se reirá en su cara. Por tal razón:

* Hasta donde esa posible tenga un testigo con usted al momento de la intervención.

* Deténgalo y entréguelo a las autoridades locales lo antes posible.

* No detenga al menor por más tiempo de lo necesario.

Si tiene que esposarlo, hágalo en presencia de algún testigo y hágale saber que lo hace por su propia seguridad.

*   Evite usar lenguaje intimidante tales como "vamos nene dame tus brazos para ponerte un brazalete, para que te veas lindo "

*   Evite entrar en argumentos con el joven. No le preste atención a sus argumentos, solo quiere que usted pierda la paciencia.

*   Evite maltratarlo porque usted se arriesga a estar en peligro. Imagines un menor de 17 años, 6'2" de estatura, corpulento y con un peso de 200 libras. Hoy día los padres los envían desde pequeños a tomar clases de Karate. NO lo provoque, le puede salir caro.

*   Si el Oficial de Seguridad se encuentra con mas de un menor debe solicitar ayuda

*   Si detiene a más de un menor, póngalos separados de la vista de ellos.

*   Si usted le permitió a que se marcharan, no los pierda de vista hasta tanto hayan salido de su área.

*   Recuerde que para los efectos de la ley, ellos siguen siendo niños sin importar la estatura o el peso

*   Una vez que el Oficial de Seguridad termina su intervención con el menor, debe escribir un informe o reporte bien detallado.

Indicios del uso y abuso de drogas

Los Oficiales de Seguridad deben estar atentos a la apariencia y comportamiento de los empleados de la empresa. Esto se encuentra entre los deberes del Oficial de Seguridad. A veces encontramos que hay empleados que muestran ciertos problemas de drogadicción. Pero a la misma vez tenemos que ser cautelosos. Hay veces que estos indicios se pueden reflejar en una persona que tiene una enfermedad común. También pueden ser problemas personales.

Todo depende de la situación. El Oficial de Seguridad solo debe estar pendiente por si aparece otra indicación adicional. Estas pueden ser señales de un problema de drogadicción;

El empleado esta de mal humor, soñoliento, fatigado, olvida las cosas fácilmente, esta arrebatado por los efectos de la droga, reacciona pasmosamente, tiene inestabilidad física, desatiende su higiene, falta de discernimiento, mucosidad persistente como si tuviera catarro, ojos rojos y llorosos y ausentismo o tardanzas. Grupos o Corillos que se reúnen en el estacionamiento o en las esquinas para hacer cosas ilegales.

El Oficial de Seguridad debe evitar acusar a un sospechoso directamente de distribución de drogas. El Oficial de Seguridad, deberá informarlo al Director de Seguridad, gerente de la empresa y al supervisor de seguridad de su turno.

Huelgas y Demostraciones

Una de las encomiendas mas importantes del Oficial de Seguridad, en una empresa es mantener la paz y seguridad. La paz tanto de los empleados, gerenciales, huéspedes, visitantes y de otras personas que a diario entran y salen de la propiedad. Las situaciones que ocurren a veces en las empresas, por conflictos huelgas o demostraciones afectan grandemente las operaciones normales de la empresa.

Por tal razón las empresas, deben tener de antemano un plan bien estructurado y bien organizado, para enfrentar este tipo de conflicto. Un plan de contingencia bien organizado de antemano, puede evitar daños a la propiedad de la empresa y que afecte las operaciones normales de la empresa. En este tipo de conflicto las emociones corren altas y crean disturbios con facilidad. El Oficial de Seguridad tiene que entender que las huelgas o demostraciones son como espinas en contra de la empresa, estas no son ilegales. El derecho a demostraciones y huelgas están protegidos por ley. Mientras los huelguistas se mantengan caminando, en la línea de piquete agitando letreros o cantando consignas de manera ordenada, fuera de los portones de la empresa es considerado legal. Cuando la empresa y el departamento de seguridad, entienden que una huelga es inminente, deben notificar a la policía local y establecer un plan en conjunto. Por lo general la policía siempre esta presente, para evitar daños a la propiedad y agresiones físicas o verbales y mantener el y el orden.

Los Oficiales de Seguridad deben evitar sabotajes a la propiedad de la empresa, vandalismo, robos y otros actos criminales. A los empleados que están en la línea de piquete, no se les debe permitir la entrada a los predios de la empresa excepto que hayan sido autorizados. Me explico; hay empleados que en su tiempo libre participan de la huelga y luego toman servicio es su turno normal de trabajo.

Desde luego, si existe lo que se conoce como un " lock out", o cierre patronal, no se les permite la entrada bajo ninguna circunstancia, aunque los empleados no tengan la intención de cometer ningún acto en contra de la empresa. Un lock out, significa que la empresa decide cerrar las operaciones, que puede ser total o parcial. En estos casos de huelga o demostraciones, los Oficiales de Seguridad deben tener temple, para enfrentar este tipo de situación. Las reglas para este tipo de operación son las siguientes;

* Los oficiales deben asegurarse que el huelguista no obstruyan la entrada de la empresa o interrumpa las operaciones normales.

* El Oficial de Seguridad, el encargado o supervisor, debe contestar cualquier pregunta legitima del líder del grupo en huelga si esta a su alcance. El Oficial de Seguridad o supervisor encargado, debe ser amable pero firme. En este caso en particular, el ser amable no significa ser amigable.

* El supervisor o encargado de seguridad, debe señalar los puntos a seguir y hasta donde pueden llegar los huelguistas.

* El supervisor o el Oficial de Seguridad encargado, debe mantener informada a la empresa de todo lo que acontezca en la línea de piquete.

* El Oficial de Seguridad debe estar atento por cualquier acto de los huelguistas, como alterar la paz, amenazas, tanto a los oficiales de seguridad como a gerenciales, huéspedes, etc.

* Si el Oficial de Seguridad tiene un baño, cafetera o fuente de agua, en su puesto de y uno de los huelguista le pide permiso para usarlo, o tomar café o agua, el Oficial de Seguridad, debe decirle "no". Pero sea amable.

* El Oficial de Seguridad debe tener en mente, las relaciones públicas. Debe ser firme, pero no debe presentarse como una persona hostil. No debe contestar las burlas o insultos que pueda haber en su contra.

* Los Oficiales de Seguridad tienen que pensar, que luego que la huelga o demostración termine, todos siguen siendo sus compañeros de trabajo, aunque trabajen para otro departamento.

Actos Ilegales Enfrentados por El Oficial de Seguridad

ENTRADA ILEGAL _ Muchas personas se arriesgan a entrar ilegalmente a propiedades donde no son bienvenidos. Algunos de estos para cometer un crimen, causar vandalismo, sabotaje, bañarse en una piscina privada, como en el caso de hoteles de lujo, etc.

Estos transgresores entran, a una propiedad privada mayormente, con la intención de cometer un acto criminal. Esto puede ser desde un escalamiento, apropiación ilegal, un robo, sabotaje o, hasta una agresión. Cuando un Oficial de Seguridad, interviene con una de estas personas, debe tener en mente, que la persona al ser descubierta haciendo el acto criminal, va a intentar escapar. En ocasiones al transgresor no le importa, lo que tenga que hacer para escapar de las manos de la justicia.

En ocasiones vemos en los hoteles donde tienen control de acceso, que los mismos huéspedes cuando entran en sus propios vehículos y tratan de burlar la seguridad, escondiendo familiares o amigos en el baúl o cajuela como se conoce en otros países. Con la intención de que estos disfruten de la estadía sin pagar.

Vandalismo

El delito de vandalismo es uno de los delitos criminales menos serios, en términos de penalidades y es uno que ocurre diariamente en cualquier parte del mundo. Este es un delito que causa daños económicos en dólares y centavos. El vandalismo consiste en el acto de causarle daño a la propiedad ajena. Este acto es efectuado por una persona con conocimiento o sin conocimiento de las consecuencias. Un acto de vandalismo, puede poner en riesgo vidas humanas y de ser descubierta el transgresor, puede ser acusado/a de homicidio o estragos, según sea el caso.

Un ejemplo que vandalismo pude ser, romper una ventana, activar la alarma de incendios, escribir edificios con pintura, vaciar las gomas o llantas de un auto, dañar la pintura de un auto, etc. Los Oficiales de Seguridad, no deben pasar por alto este tipo de delito como si no tuviera importancia. ¿Que pasaría si una de estas llantas fuera a una ambulancia, un camión de bomberos, una patrulla de la policía o de la propia seguridad de la empresa? Estamos hablando de que puede poner en riesgo la vida de una o muchas personas. A este tipo de acto, tenemos que prestarle la misma atención que a un delito grave. ¿Recuerdan o han escuchado lo que ocurrió en el Hotel DuPont en Puerto Rico? La intención de las personas, que cometieron el acto de vandalismo, no tenía la intención de matar tantas personas. Ellos solo querían ponerle presión y asustar a la gerencia pero con las consecuencias ya conocidas.

Es por eso que los actos de vandalismo no se pueden pasar por alto.

¿Como el Oficial de Seguridad o departamento de seguridad maneja estos casos? Es importante saber, quien cometió el acto de vandalismo, pero más aún saber como se hizo. El Oficial de Seguridad puede investigar a través de entrevistas, interrogatorio a posibles testigos o confidentes u observación. Es importante saber quien lo hizo, si ya habían ocurrido otros actos de la misma manera, ya quizás por el modus operandi, el

Oficial de Seguridad puede ya estar dando con el sospechoso y cooperar con la policía en su investigación.

Incendio Premeditado

El incendio premeditado consiste en pegarle fuego a una propiedad ilegalmente y con intención de causar daños a la propiedad o a personas. Este delito puede ser cometido por varias razones, quizás por venganza, desorden mental (piromaniaco) extorsión, fraude al seguro o cualquier otra causa. Hay tres principios que el Oficial de Seguridad debe tener en mente con relación a este delito o crimen.

* Una de las mejores maneras de prevenir el incendio premeditado, es tener un buen plan de patrullaje e inspecciones.

* Los materiales o combustible son almacenados correctamente, esto ayuda a evitar la tentación al sospechoso.

* Si el Oficial de Seguridad sorprende al sospechoso, que esta preparando una antorcha para iniciar el fuego, el Oficial de Seguridad, debe actuar y tener un cuidado extremo. El sospechoso pudiera estar armado, pues puede ser considerado peligroso.

Si ya ocurrió el fuego, el Oficial de Seguridad no debe caminar por los escombros o permitir que otros lo hagan, ya que esto le puede alterar la escena al investigador. La escena debe ser protegida.

Robo

El delito de robo es el acto de apropiarse de propiedad de la persona en su presencia y mediante el uso de la fuerza y/o intimidación. Si el Oficial de Seguridad se encuentra con un robo en proceso y la presencia del oficial de seguridad no ha sido detectada por los asaltantes, debe ser prudente al tomar acción en la situación. Si le es posible pida ayuda.

Si usted en esos momentos usted está entre las victimas del robo, no trate de ser un héroe, haga caso a lo que estos le ordenen. Si le es posible trate de recordar alguna descripción del o de los asaltantes. Así usted le puede brindar a la policía, una buena descripción tales como; estatura, color de la piel, edad aproximada, color del pelo, color de los ojos, vestimenta, etc. Es importante, si se fueron a pie, hacia donde se dirigieron. Si tenían vehículo la descripción y numero de tablilla. Todos esos datos son importantes para que estos puedan ser arrestados mas tarde.

Escalamiento

Este es el acto penetrar a una casa, edificio o estructura, luego de haber forzado su entrada y penetrar con intención criminal de apropiarse de propiedad ajena. Para que exista el delito de escalamiento, tiene que haber forzamiento, penetración y la intención criminal.

Apropiacion Ilegal

Es apropiarse de propiedad ajena, sin el consentimiento de la persona perjudicada. Este delito ocurre frecuentemente todo lugar, incluyendo lugares de trabajo. Y le cuesta anualmente, millones de dólares a las empresas. Es por eso que se les requiere a los oficiales de seguridad de la empresa a estar bien alerta y los ojos bien abiertos. En ocasiones los movimientos sospechosos de un empleado, le sugieren al Oficial de Seguridad, de que el empleado esta robando, mercancía de la empresa.

Nota: No le causaría sospecha a usted, un empleado en un clima calido, como el nuestro en Puerto Rico o en el Caribe y que usted vea al empleado con un abrigo puesto durante el día. ¿Estará enfermo o es que padece de frío? ¿Por qué llega al trabajo siempre con un bolso grande?

Estas son situaciones donde el Oficial de Seguridad, debe pensar, que algo no anda bien y debe preguntarse ¿Por qué será? Aquí hay algo misterioso que no encaja. Muchas empresas requieren que el oficial a la hora de salida de los empleados de la empresa, todo bulto, bolso, paquete o cartera grande sea verificado. El Oficial de Seguridad no debe meter su mano dentro de una cartera, pero le puede solicitar a la empleada/o, que remueva algo que le esta restringiendo la visión. El registro se hace con mucho tacto y sin distinción de persona.

AGRESION SIMPLE - Agresión es cuando una persona agrede con las manos a otra persona. A estos se le considera agresión simple, si no existen otros elementos. El delito de agresión se divida en dos grupos.

AGRESION AGRAVADA- Este delito se considera agravada si existen los siguientes elementos o circunstancias:

* La victima ha sido agredida con un objeto contundente, le causan una herida con un objeto cortante o punzante.

* Se considera agravada cuando es de un adulto hacia un menor

* Un varón mayor de edad agrede a una dama

* Una persona mayor de 18 años agrede a un anciano, decrepito o invalido

* Agresión contra un oficial del orden publico, con conocimiento de que este era uno.

En lo que en el campo de seguridad concierne, el Oficial de Seguridad, debe tener en mente, que la seguridad y la protección de los huéspedes, empleados, visitantes o clientes de negocios como son también los Mall, es responsabilidad suya. Aquello que amenaza la seguridad de las personas, o la propiedad de la empresa para la cual trabaja tienen que ser protegidas. El Oficial de Seguridad como en otras situaciones, debe recordar que la idea principal es la prevención. Intervenir en una riña y romperla es bueno, pero lo mejor sería evitar o prevenir que ocurra.

Si el Oficial de Seguridad, se encuentra con una confrontación o riña en progreso, el oficial de seguridad, debe notificar por radio su intención de que va a intervenir. Debe ordenarle al atacante que desista de la idea o su intención. Si el Oficial de Seguridad entiende, que la situación esta escalonando, y que solo no va a poder controlar la situación, entonces debe pedir ayuda por radio.

Registro a Vehiculos

Cuando se esta realizando un registro legal de un vehiculo, el Oficial de Seguridad, debe registrar, todo el vehiculo incluyendo, gavetas, debajo de los asientos, compartimiento o gavetas del centro, debajo o detrás del panel de instrumentos, baúl, bonete, debajo del chasis, etc.

Interrogatorio a Testigos

Aunque el interrogatorio de testigos, en un crimen le compete a la policía, en muchas ocasiones el Oficial de Seguridad, tiene que hacer una investigación preliminar, ya que esto ocurrió en los predios de la empresa. Por tal razón siga esta guía:

* Interrogue al testigo lo antes posible. Hay un refrán que dice "Tiempo que pasa verdad que huye"

* El oficial debe ser amable al conducir el interrogatorio, aunque el Oficial de Seguridad, piense que la persona interrogada ocasiono el problema.

* El Oficial de Seguridad, no debe presionar al testigo, esto puede llevar al testigo a que rehúse o se cohíba y no quiera dar más información del suceso, alegando que no recuerda.

* El testigo debe ser llevada aparte para ser interrogado y no frente a otras personas, si eso es posible.

* Si ha sido victima o testigo de un robo, seguramente esta nervioso, por lo tanto trate de calmarlo, quizás un poco de agua ayudaría

* Si el testigo no esta claro en ciertos detalles, por ejemplo una descripción, ayúdele. Un ejemplo de esto sería: ¿El asaltante era más alto que el Sr. Rivera o era más bajito de estatura? ¿Su color

de piel era más claro que yo o su piel era más obscura? A veces las personas que fueron victimas de un asalto y por el nerviosismo hay que ayudarlos a recordar.

Preservacion de evidencia

El Oficial de Seguridad no debe intimidar al sospechoso para que revele, donde tiene escondida la evidencia. Si al hacer un registro, encuentra artículos o alguna pieza de evidencia, que razonablemente puede ser usado por las autoridades locales, estatales o federales y poder procesar al sospechoso criminalmente, debe seguir esta guía:

- Antes de levantarla, la evidencia debe ser fotografiada.

- Las fotos deben ser del área exacta donde la encontró, y una de cerca o close up. Si le es posible tomar más fotos, hágalo de diferentes ángulos.

- Si la evidencia encontrada, no hay riesgo o peligro alguno a desaparecer o ser dañada, déjela en el lugar y préstele vigilancia hasta que lleguen las autoridades.

- Si el Oficial de Seguridad, tiene que levantar la evidencia, entonces debe ser embalada y marcada propiamente para que el oficial de seguridad, pueda identificarla en el tribunal.

- Al ser levantada y embalada la evidencia, el Oficial de Seguridad debe entonces hacer los siguientes apuntes en su libreta de notas.

- Razón por lo cual ejecutó el registro. Esto debe ser una justificación legal.

- Áreas u objetos registrados

- Lugar exacto donde encontró la evidencia

- Fecha y hora exacta en que encontró la evidencia

- Nombre de testigos al momento de encontrarla

- Tiene que haber una justificación, para haber removido la evidencia antes de llegar las autoridades.

- Como fue removida y por quien.

- Si alguien toco la evidencia, anote el nombre, para eliminación de huellas.

- Hora, fecha, nombre y el número de placa del policía, a quien se entrego la evidencia.

- Cualquier otro dato que el oficial de seguridad entienda que es importante.

Observacion y descripcion

Los Oficiales de Seguridad, cuando son interrogados en un tribunal de justicia, una de las primeras preguntas que le hacen es ¿Cuando ocurrió, o a que hora ocurrió? Así que el la fecha y hora son sumamente importante tanto para el fiscal como el abogado de defensa. Por lo que se hace necesario, que los Oficiales de Seguridad, deben acostumbrar tener un reloj disponible.

Siempre que este investigando un caso, haga el hábito de mirar la hora antes de comenzar hacer anotaciones. En toda investigación o reporte que el Oficial de Seguridad genera, es importante anotar la hora y la fecha. Aunque el Oficial de Seguridad piense que esos datos son irrelevantes, "ANOTELAS ". Si se encontró una puerta abierta y no anotó la hora, le es más difícil al oficial investigador para investigar el caso.

El Oficial de Seguridad debe poner en práctica y hacer la siguiente rutina mentalmente;

- * Cuales eran las características generales de la persona o del lugar

- * Características específicas

- * Características cambiantes

Veamos el siguiente ejemplo;

Durante su recorrido por su puesto, de la empresa para la cual trabaja, el Oficial de Seguridad, observa que un vehiculo desconocido es estacionado en el estacionamiento para empleados. El Oficial de Seguridad mentalmente puede organizar en su pensamiento, de la siguiente manera;

¿Cuales son las Características Generales? --- Que era un auto normal, no era un SUV

¿Que marca era? Era marca Ford – No era Mitsubishi, ni Toyota

¿Cuáles son las Características Especiales? – Que color, el año, si tenia un guardafango de otro color, tenía un cristal roto, etc.

¿Cuales son las Características Cambiantes? – La puerta del lado izquierdo era de color rojo. El guardafango del lado izquierdo delantero esta abollado.

Cuando el Oficial de Seguridad pone en práctica este ejercicio, se le hace mucho mas fácil, recordar datos importantes para el esclarecimiento de los casos.

Observaciones en casos de crisis

Esto se refiere a que comúnmente en aquellos casos donde ocurren accidentes, especialmente en un robo, "hit and run", etc. algunos testigos pueden entrar en crisis debido al nerviosismo y la tensión que le pueda haber creado el incidente. Usted le puede preguntar a cinco o seis testigos, que le brinde la descripción, del auto en que huyeron los asaltantes del robo, o del "hit and run" y va a encontrar que todos, o en su mayoría vieron el carro de un color distinto. En el caso de un Oficial de Seguridad, que ya tiene práctica en su rutina, le es más fácil recordar datos con mas precisión que la persona común, porque sabe la importancia que tiene la descripción para poder esclarecer el caso.

Descripcion de personas

Ejemplo; El Oficial de Seguridad, esta haciendo su patrullaje preventivo por su área de trabajo y observa a un individuo está forzando una ventana del edificio, el sospechoso al notar su presencia, se escapa corriendo y se pierde en la obscuridad. El Oficial de Seguridad por el entrenamiento que ha recibido, pudo observar bien sus características o descripción del sospechoso. Notifica por radio la descripción del sospechoso y otros de los Oficiales de Seguridad, que escuchó su mensaje, responden y detienen a un individuo, que se asemeja a la descripción recibida. Cuando usted llega al área donde se encuentra detenido el individuo, usted lo identifica porque concuerda exactamente con la descripción del sospechoso que usted vio. Llama a las autoridades, quienes levantan huellas dactilares de la ventana y concuerdan con el sospechoso. Este caso sin dudas queda resuelto.

Los detalles que el Oficial de Seguridad debe observar son;

* Cual era la estatura del sospechoso (debe conocer la cinta métrica), media aproximadamente 5'8". Aproximadamente quiere decir, que podía medir quizás 5'7" o quizás 5' 9".

* El Oficial de Seguridad debe conocer sobre pesos aproximados. Si la persona que vio el Oficial de Seguridad, medía 5' 8" y pesaba aproximadamente unas 200 libras, el Oficial de Seguridad que escucho la información no va a detener a una persona que mide unos 6'2" y que pesa unas 125 libras.

* Cuales peculiaridades el Oficial de Seguridad observó en el individuo.

¿Caminaba cojo? ¿Tenia barba? ¿Era rubio? ¿Cual era su edad aproximada?

* Todos los detalles son importantes, pero los detalles que el Oficial de Seguridad debe recordar son aquellos asociados con la cara del sospechoso.

* El pelo ¿cual era el color, si era largo, corto, tenía algún estilo? ¿Acaso era calvo?

* Forma de la cabeza ¿Era redonda o era plana arriba?

* Nariz ¿era prominente, larga, corta, pequeña, tipo tucán o cotorra?

* Ojos ¿eran verdes, negro, eran hundidos, apartados?

* Boca y quijada. Algo notable que usted haya observado es sus dientes, ¿eran virados, mellado, labios anchos y gruesos o finos?

* Orejas, grandes o pequeñas.

* Los tatuajes son bien importantes también

Usted quizás piensa, pero como pretende el entrenador, que uno recuerde todo estos datos. No se pretende que el Oficial de Seguridad recuerde todo, pero luego de muchas prácticas yo le garantizo, que va a crear un hábito, que lo va a ayudar a recordar todo o por lo menos, la mayoría de ellos. Es bien importante, que anote todos los datos lo antes posible.

Armas de Fuego

Las armas de fuego son solamente para defensa personal. Estas son para aquellos casos, en donde su vida o la de otra persona está en inminente peligro de muerte. Inminente peligro de muerte se refiere, que usted no tiene otra alternativa. Un arma de fuego no se debe disparar al aire, solo para intimidar al sospechoso que se quiere escapar. Tampoco se usa para exhibirla o prestarla un amigo para mostrar que buena es, excepto que la persona sea un experto en armas o tenga los conocimientos. El arma de fuego no es para jugar. El arma de fuego no mata, quien mata es el que la maneja de manera negligente.

Siempre recuerdo un caso, que ocurrió en el cuerpo de la policía estatal de Puerto Rico. Mientras este policía en su día libre limpiaba su arma de fuego, con ella descargada y en forma de broma, le apuntaba a su esposa con ella y al mismo tiempo que halaba el gatillo. Una vez terminó de limpiarla, la guardó y entro al baño para bañarse. Al abrir la puerta su esposa que desconocía que el había cargado el arma con municiones, lo esperaba y cual fue su sorpresa, ella halo del gatillo y lo mató en el acto.

En el uso y manejo de armas de fuego siga estas reglas;

* El arma se limpia con regularidad, para asegurarse que funciona bien

* Nunca apunte con su arma a ninguna persona, ni en broma, ni para amenazar o intimidar a nadie.

* Nunca cargue su arma con el gatillo martillado o hacia atrás

* Cuando usted entrega su arma a alguien debe asegurarse de que la misma esta descargada y con la masa abierta. Verifique una segunda vez, que no esta cargada.

* Cuando usted desenfunde su arma, mantenga su dedo fuera del gatillo.

* No cargue o porte su arma de fuego, en el bolsillo del pantalón o en la cintura. Esta debe estar en una vaqueta para evitar accidentes.

* Use balas o municiones, específicamente diseñadas para esa arma de fuego. No es aconsejable experimentar con municiones de otros calibres.

* Los Oficiales de Seguridad, entregaran su arma solo al supervisor y si este conoce de uso y manejo de armas de fuego, o a personas autorizadas.

* En su residencia, mantenga su arma de fuego en una caja de seguridad o lugar seguro, descargada y fuera del alcance de niños.

* El Oficial de Seguridad, debe de estar preparado mentalmente, si en algún momento tiene que hacer uso de su arma de fuego. Pero es importante que no actúe en forma amenazante.

El Oficial de Seguridad, no debe saltar verjas con el arma de fuego en la mano.

En la Policía de Puerto Rico, hay un postulado que dice;

SACAME CON RAZON PERO USAME CON HONOR

----

www.ingramcontent.com/pod-product-compliance
Lightning Source LLC
Chambersburg PA
CBHW031244280526
45784CB00004B/1710